大展好書 好書大展

大展好書 好書大展

婦幼天地
32

培養孩子
獨立的藝術

多湖輝／著
吳秋嬌／譯

大展出版社有限公司
DAH-JAAN PUBLISHING CO., LTD.

前言

我認為時下的小孩最缺乏的是「求生存的力量」與「學習新知的慾望」。至於為何會培養出缺乏獨立心的「溫室花朵」，追究其原因，不外是由於在精神上無法「斷奶」的親子關係所造成的。

原本我國的社會應稱之為「嬌寵的構造」，而在家庭內也不例外，這說法一點也不為過。最近，更為明顯的是親子關係產生了變化。母親從家事勞動中解放出來，照顧孩子的時間隨著增加了，而且小孩的數目也比以前更少，因此會把所有的注意力集中在小孩身上，我認為這是造成「親子黏著」關係的原因。

現在，教育孩子的當務之急是切斷親子黏著關係，斬斷「嬌寵的構造」。尤其是對於經常和孩子黏在一起的父母家庭而言，更是必須考慮到這一類問題。

原本親與子的關係就與戰爭狀態類似，一方攻擊時，另一方就反抗；一方撤退時，另一方就進攻。也許父母親是無意識的，但是小孩卻能敏銳地感受到父母親的心理，有時候會加以威脅，有時候會撒嬌，只要父母親稍有鬆懈，就會得寸進尺。雖然小孩還很小，但是卻擁有完整的人格，因此為人父母者要時而煽動，時而鼓勵，讓孩子獨立地激勵作戰，對父母親而言是必要的。

對於教養的關心，不論在各方面都已經提高了，因為這不只是禮儀規矩的問題而已，根本的問題在於小孩欠缺獨立心。本書並不著重於心態或性情論，而是以具體的方法進行探討。

現在，如果不展開「前進、進攻」的「激勵作戰」，恐怕會把孩子教育成脾氣一發不可收拾的暴君，或無法經得起現實社會波濤的孩童。

希望能由於本書，使你儘早培養孩子健全的獨立心。

目錄

第二章　鼓勵　孩子面對困難時，鼓舞孩子的方法

第三章 誘導 使用糖與鞭子教育孩子長大成人的方法

第四章　搔癢　誘導孩子從任性中畢業的方法

第一章

慫恿

——激勵小孩的方法

1 命令小孩時，與其說「這麽做」，還不如說「該怎麽做才好呢？」利用詢問的方式才能引出衝勁

一般人會認為所謂教育，並不需要重視小孩的意見，只要按照父母親的意思去做就可以了。的確，為了教育孩童以免令人感到厭煩，強迫式的教導他們和別人打招呼，以及餐桌禮儀，這是必要的。這些教育都是在孩子了解箇中原委以前，就必須要去做的行為。例如：飯前要洗手的習慣，洗手的行為是必要的，至於為何要洗手，等到孩子稍長，學會了衛生常識以後，就會了解為甚麽要洗手了。

但是，這一類強迫式的教育，待孩子的年齡到某一程度以上時，就不再適用了。孩子在進入幼稚園就讀時，就開始了此一時期。這時小孩的自我意識萌芽，如果無法了解父母親所說的話，就不能立刻遵從。尤其在日常生活中，與小孩接觸較多的母親，如果對孩子的要求經常是命令式的「你要這麽做」、「你要那麽做」，而當小孩不願遵從時，就會囉哩囉嗦地下達更多的指示，令小孩子感到厭煩，這是非常不明智的做法。如果給予太詳細的指示，反

而會奪去小孩的幹勁。

關於這一點，懷特與利彼得這二位學者所進行的小集團領導研究，產生了頗耐人尋味的結果。他們將小集團的領導分類為專制、放任、民主三大類型，按照領導者的不同，研究集團中的人會產生甚麼變化。

根據他們的研究，專制型領導者所率領的集團，團員會喪失幹勁。

換言之，專制型的人不論要做甚麼，會指示每一細節的做法，但是並不告知最終目標，只是以領導者的做法來強迫集團的人，因此在領導者之下的人只是被拉著鼻子走，並無法獲得滿足感。

相對地，民主型領導者所率領的每一個人，都能夠展現積極性。民主型領導者能告知他們明確的終極目標，關於每個人的責任分配與工作區分，全都交給集團中的每一個人來判斷。而且，這集團中的每一個人都具有協調性，比專制型領導者的集團更具有效率。

任何一個人在受到過於詳細的指示，「要這麼做」或「要那麼做」時，心裡大多都會覺得很不舒服。在美國等地，關於員工的工作會發一手冊，給予詳細的規定，員工只要按照規定去做，就能適應工作。

以往的日本，這一類的規範卻較為鬆弛。有人說，這就是促使日本的經濟欣欣向榮的力量。

這是因為每一位員工擁有自己的思考，使工作進展的發揮空間，甚至連機械的改良意見也能予以接納，因此就會努力地提昇工作的效率。這是利用手册製定詳細的工作方針的美國等地難以想像的優點。

只要是能利用思考發揮的範圍，就會產生相對的努力，孩子的情況也是相同的。

因此，當要求孩子做事的時候，不要對孩子說：「要怎麼做。」而應該問孩子：「應該怎麼做才好呢？」要讓孩子去思考問題。即使以大人的眼光來看，若無法得到充分滿意的結果，但是至少小孩童能擁有自己的意志，具有自動自發處理事務的能力。這是經由以上的方法所得到的良好效果。

2 孩子想要說出的話，父母親不要搶先說出

根據某位孩童心理輔導專家的說法，因為教育問題而感到煩惱的母親，都有一顯著的傾

向。那就是當協談顧問想要針對孩童煩惱的深層心理一一提出問題時，即使小孩在努力的想出答案，但是母親卻會搶先一步回答。也許，母親本身會認為自己是最了解孩子想法的人，但是這種「自以為是」的心態，卻是使孩子的心靈受到侵蝕的原因。

其證據就在於孩子面對協談顧問所題出的問題時，孩子會先看看母親的臉色，等母親回答以後，他們就會點點頭。但是，當請母親離開房間，讓孩子與協談顧問一對一的應答時，孩子就能敞開心靈，說出自己的想法了。也許，這是自詡為教育媽媽的人難以想像的情況。孩童的最大煩惱就是自己的意思沒有受到尊重，必須經常按照母親的意思去做，幾乎所有的例子都是這樣的。

這一件事使我們在小孩的教育問題上，得到了重大的啟示。各位不妨想一想，不懂得外國語言，而單獨到海外旅行的情形。當有精通外國語言的人一直在身旁時，和外國人談話，一點也不會覺得不方便。但是，卻不可能期待翻譯者把自己的意思完全傳達給對分，所以即使是經由手勢或身體的動作，或是拿著字典，說一些外國語言的單字，努力地去溝通，就能夠把自己的意思傳達給對方知悉。

搶先一步說出孩子要說的話，好像自己完全懂得孩子的意思，這也不過是發揮單純的通譯作用而已。如果要把自己的意思傳達給對方知道，就必須要開口說，即使是一邊查字典也很好。如果無法用自己的話語表達，對方就會無法了解。這是我們在各種場合中，經常會遇到的情況。

當孩子了解努力地在思考該如何傳達自己的意思時，母親卻先一步說「就是這麼回事」，或是「這孩子就是想這麼說的」，無異剝奪了孩子努力的機會。身為父母親，也許看到自己的孩子無法順利地把自己的意思傳達出來，會一廂情願地認為孩子希望自己代他表達意思，但是這麼做絕對無法幫助孩童。

即使是在一旁乾著急，或是無法了解孩子到底要說些甚麼，也不應該成為孩子的代言人。為人父母者搶先回答，無異是經自己之手毀了孩子的獨立性，成為不了解孩子的「親心」。如此重複數次，孩子就會認為要把自己的意思傳達給別人知道的任務，只要交給父母親去做就可以了。結果，就會成為對於任何事務都無法積極進取的人。無法像大人一樣，能明確表達己意的小孩，所需要的並不是能代替他說話的「通譯」或錯誤的「親心」，而是在把自己的意思傳達給對方以前，一直能耐心等待的雙親的努力。

因此，縱使能以心傳心，了解孩子所說的話，但是在孩子能夠正確地用自己的話語，表現出自己的意思以前，一定要佯裝不懂。這是重要的教育手段之一。

3 即使了解孩童的疑問，也不能給予完全的回答

當孩子對某些事務抱持著疑問時，這可以說是為孩子提供思考的絕佳機會，因此，是否能善加利用這機會，或是在瞬間失去機會，就是父母親的重責大任了。

你對於孩子的疑問，抱著如何的態度來回答呢？如果孩子抱持著疑問，向父母尋求答案時，你懇切仔細地給予所有答案的話，這無異是由於你的錯誤，浪費了刻意製造的機會。

例如：劇作家茂木草介先生曾寫下關於幼時的回憶。當時，他曾看到變魔術的材料，很想要這東西。於是，請求母親買給他。母親對他說：「對你而言，這東西實在是太困難了。」母親拒絕了他。但是，幼小的茂木仍不死心地向母親要賴，母親在無可奈何之下，只好買給他了。回到家以後，發現正如母親所說的，無法做得很好。他很急切的請母親教他，但是媽媽卻說道：「不知道。」說完，就兀自做自己的事去了。茂木在書中寫道，他從來沒有像那一刻覺得媽媽那麼冷酷過，但是他仍忍著不哭，持續地鑽研終於找出了魔術的秘密。

如果茂木的母親在當時就輕易答應孩子的要求，相信由自己發現這秘密的茂木喜悅會減半。茂木的母親雖然對孩子說：「對你而言，這東西實在是太困難了。」但是，在孩子的堅持下，還是買給了他。如果孩子不能夠經由自己的手，了解其中的奧秘，又有何意義呢？就這意義而言，茂木的母親可以說是一位優秀教育家兼心理學家。

心理學家歐布西安基娜女士所進行的研究之一，為「中斷課題的再行傾向」，亦即在課題無法完全解開時，暫時中斷的話，就能夠提高對這課題的心理緊張度，使解開課題的心理能量比以前增加許多。例如：閱讀推理小說，在中途中斷以後，會提高想要知道其結果的興緻。推理小說或電影預告利用這心理，只介紹懸宕的情節至中途便結束了，而讓讀者或觀衆自行去揣測。其中以「請不要告訴別人結尾」的電影宣傳文字為箇中翹楚。

以這理論而言，對於孩子的疑問不給予完整的答案，讓孩子在事後努力地思索，就能夠提高想要靠自己的力量解決問題的熱情。茂木先生的母親雖然沒有在中途中斷回答，但是對於茂木異常的好奇心卻不輕易給予答案。拒絕立即給予答案的做法，讓茂木更萌生憑己力去解開答案的熱情。

對於孩子的疑問採取這種應對方式，讓孩子養成憑藉己力思考的習慣，就能培養出具有獨立心的孩子，這是理所當然的。

4 看電視劇時，詢問孩子：「如果是你，你會怎麼做呢？」

即使目前電視節目為孩子帶來負面影響的資訊廣被報導，但是在目前電視普及的情況下，即使電視會帶來惡劣的影響，要孩童遠離電視卻是不可能的。在這種情況下，應該積極地將電視利用於教育用途上。

其中的一種就是在看電視時，可以問孩子：「如果是你，你會怎麼做呢？」把它當成現實問題來思考。

我認為電視最惡劣的影響就是讓孩子成為旁觀者。一位學生曾經批評我一位身為教授的好友，說：「你一直都只是一個旁觀者，為甚麼你從來不明確地表達自己的意思呢？」這倒真是說中了身為學者兼理論家的教授之痛處。我本身對此也有沉痛的感覺。

例如：我出任小學校長時，原本一直當成理論上的問題，卻突然成為現實的問題，必須立刻作決定。這可以說是成為旁觀者，一直躲在象牙塔裡的人的弱點。坐在電視機前的孩童，也有陷入「旁觀者」思考模式的危險性。這就像是只會坐在那裡更換頻道的旁觀者而已。

因此，在看電視劇的時候，可以詢問小孩：「如果是你，你會怎麼做呢？」換言之，把電視中的情節當成是自己的問題，當場作出判斷，也就是讓成為旁觀者的理論家、評論家突然站在實踐家的位置。

那麼，現在孩童是否會隨著劇中主角的感情變化而哭或笑呢？是否會和劇中人物的看法相同呢？實際上，絕非如此，大多數的孩子都會理性的判斷劇中人物的作法。

孩子們經由批判這些問題，就會具有在現實生活中從未體會過的豐富經驗。這也是培養自我判斷力的一種方法。

雖然戲劇、小說被稱之為模擬體驗的道具，但是依看法不同，有時候的確能產生模擬體驗的效果。

作家藤本義一先生就是這一類問題的實踐家，藤本義一曾在某本書中敍述，在觀看電視劇時，養成親子之間經常會討論的習慣。例如，在觀看時代劇時，問孩子：「拿著裝著一千兩黃金的箱子，能夠跑嗎？」或是「一兩是多少錢呢？」頻頻提出這些問題。當然，這是與前所敍述的模擬體驗稍微不同的問題，但是利用電視來教育孩子的觀點卻是一致的。關上電視機以前，先利用電視作為教育孩子的工具，這不是值得一試的方法嗎？

5 當父母親擁有自我時間時，必須忽視孩子的叫喚

我經常產生的一個疑問是，不論在任何場合，似乎電話總是佔優先。例如：在一個重要的商談會議中，或是在面談中有電話響起，就會有人站起來去接電話。這時，會談就會中斷，而等待的人都會顯得很焦躁。

相同的情況也可以應用在孩子的叫喚上。在嬰兒時期，這當然是無可奈何的事情。但是，如果已經養成習慣，這種習慣就會很難根除。在各方面，都以孩子為優先，一聽到孩子的叫喚，就放下工作的雙親非常多。但是，親子具有不同的生活圈，這在培養孩子的獨立心方面，是很重要的一點。

我們在承認孩童具有其本身生活的同時，也應該要教導孩子，大人的生活要受到尊重。因此，當父母親擁有自我時間時，不回應孩子的叫喚，也是一種方法。孩子們在父母親完全無視於其存在時，就會思考如何度過自己的時間。

詩人吉行理惠從經營美容院的母親忙碌工作的姿態中，知道了生活的嚴苛。由於孩子被嚴格禁止進入母親的工作場所美容院裡，因此幾乎都在外面遊玩，親子之間的接觸只有在睡前的短暫時間而已。當時，聽母親唸一小段故事是一大樂趣，但是疲倦的母親總是會自己先睡。但是，直到今天為止，吉行還記得書上的內容。由此可知，親子之間片刻的相處會使密度更濃。親與子各自擁有自己的時間，就會使共度的時光變得更加快樂，感情也更濃了。

故意將孩子置於孤獨的狀態中，也是培養孩子的獨立心的方法之一。另一方面，也正如吉行所說的，能從母親辛苦工作的姿態中，了解生活的嚴苛。

雖然對孩童而言，受到父母親的忽視是很殘酷的事情，但是這並不是真正無視於他們的存在，只是大人世界的嚴苛工作，是無法再去顧及到小孩的。

由這意義來看，擁有上班族父親的孩子必須要特別注意。在公司裡認真地工作，回到家以後，成為好爸爸，如此會養成孩子撒嬌的心態。孩子無法具體地了解到，父親為了供養一家人，是多麼地努力。但是，以父親的觀點來看，既然和孩子相處的時間那麼短，就要愉快地與孩子相處，這也是人之常情。

以這觀點來看，自然會造成負面影響。即使和孩子相處的時間很短，但是也應該要有不容孩子打擾的時間。閱讀時，要和孩子擁有不同的房間。利用空間創造不同的生活，無視於孩子的叫喚，也能在精神上創造不同的生活。孩子度過這段嚴苛的考驗，也會更加獨立了。

6 小時候學習一種專長，能讓孩子產生積極性

我相信為人父母者都會希望培養孩子積極開創人生的態度，因此消極的孩子是父母擔心的源頭。就有很多不知道該如何使孩子積極面對生活的父母來找我商量。

有人問我，家中有略帶疾病傾向，無法交朋友，終年窩在家中的小孩，該如何是好呢？東京新聞論說主幹楓元夫先生提供了很好的經驗談，他提到在他虛歲五歲時，由一位認識的郵差教他認字，學會看畫本，他在學會認字的「特技」以後，「擁有自信，遊玩的範圍較廣，一變而成能積極『遠征』的孩子」。

當孩子擁有一技之長時，就會湧現自信，也許會改變以往的性格，而變得判若二人。在日常生活中，經常會有這一類的經驗。

我中學時代的同學，在學校的成績並不很好，經常被別人嘲笑，但是自學校開始教授相

撲以後，同學們對他的評價改變了。他變得很強，並且擁有自信，在學校發言的機會也較多。另一方面，學業成績也神速地進步，令我們感到很驚訝。

在世界上廣為流傳的公文式算術，如果孩子在算術方面擁有自信，其他科目的成績也會得到很好的結果。這是由於擁有自己比他人更優秀的自信，而能夠產生一種「只要去做，就能做到」的自我暗示，在其他方面也能發揮力量所致。

任何一種遊玩、運動、學習方面的專長都是很好的，但是務必要在父母親從旁協助的情況下，讓孩子確實地學會。就楓先生的情況而言，是由於父母適切的行為，才產生很好的效果。楓先生在幼小時，對於報章廣告上的字感到興趣，當他詢問母親，那個字怎麼唸時，「母親對他說：『第一個字念「阿」，其他的字我就不知道了，你去問爸爸吧！』故意佯裝不會。」楓先生從郵差那兒學會了認字以後，感到很得意，把生字告訴母親。每天重複這麼做，就認識很多字了。這篇文字刊載在『幼兒開發』雜誌上。

如果當時楓先生的母親使出渾身解數來教他識字，他是否能擁有閱讀書本的「特技」，就不得而知了。不教導孩子任何事物，而讓他們自己去學習，就人類心理而言，這實在是很巧妙的策略。而且，考慮到誘發出孩童的積極性問題，這高明的「陷阱」也是非常重要的。

由此可知，強迫孩子學習鋼琴等專長，恐怕無法產生很好的效果吧！

與其如此，還不如讓孩子熱衷於遊玩。即使孩子只是玩得比別人好，但是只要肯讚美他，給予孩子自信，就能得到很大的收穫了。

7　要孩子遵守約定，並在家人面前宣佈

「我的孩子無法遵守約定，這令我感到很困擾。」許多父母都會有此煩惱。父母親很可能為了要讓孩子遵守約定，而用盡了各種方法，但是孩子早就識破了父母親的作戰方針，認為即使是再大的約定，也是稀鬆平常的事。

如果教育是親子之間的一種心理作戰，無法讓孩子遵守約定技巧的父母親，應該是不諳心理作戰的技巧了。

我認為其中的一個原因是，因為約定僅限於親子之間所造成的。一對一的約束即使破壞了，心理的負擔也會較少，由於對象是母親，只要投入懷中撒一撒嬌，就能夠產生安心感，這是孩子常有的想法。因此，有必要增加孩子在破壞約定時的心理負擔，增加其危機感，這

是必要的。所以不只是在母親與小孩子之間，在父兄等家人面前約定，也是一種方法。

在衆人面前進行的約定，會增加心理負擔，無法逃避，會產生一種必須遵守約定的危機感，不得不實行。我把這種效果稱為「宣言效果」像一些考生在自己的書房裡貼上「必勝！」或「一天用功五小時」等字眼，就是藉著向他人展示自己與自己的約定，堵住自己的後路，而產生一種「宣言效果」。

這也可以當成為了達到自己的目標，堵住自己的後路的心理技巧之一，成功者經常都使用這種手法。美國職棒史上不朽的全壘打王貝布・魯斯擁有多種軼事與傳說，其中以全壘打的傳說為衆所周知的。他在觀衆面前預告自己要擊出全壘打，結果真的擊出了全壘打。他的全壘打預告堵住自己的退路，湧現達成目標的能量。「愛吹牛」的世界重量級拳王莫罕穆德・阿里，就曾經宣佈「三回合就要打倒那傢伙！」結果真的實現了諾言，受人歡迎。

由於約定的對象是包括觀看電視的數千萬名拳擊迷，會使想要達成目標的心理能量增高。阿里在拳擊界數度產生奇蹟的泉源，可能應該歸功於他的「愛吹牛」吧！

某位著名大實業家曾在人前誇下豪語，一定要努力於使事業變得成功，在這一點上，只和欺騙他人的詐欺師有一紙之隔而已。如果豪語無法實踐，大實業家就會搖身一變為大騙子

父母親的激勵能使孩子獨立 1

命令孩子時，與其說「該這麼做」，還不如問他「該怎麼做呢」？

。打算實行某些事時，把自己趕入一個非實行不可的心理狀況中，是很重要的。另一方法就是我所說的「宣言效果」。

感嘆「孩子不遵守約定，而感到很困擾」的父母親，如果讓孩子自行在家人面前宣佈約定，採取這種心理作戰方式，對於不喜歡說謊的孩子而言，自然會努力地遵守約定。

8 由孩子自行訂立計劃，達成的比率會較高

心理學用語中，有「目標行動」的說法。人類在擁有目標而展開行動時，行動會更積極。目標愈具體，這種傾向就愈強。以目標是抽象的，行動是曖昧的情況和目標明確，行動具體的情況相比，前者會做出不必要的行動，而採取曲折迂迴的行動，後者則會顯示出心無旁騖的直線式行動模式。

仔細想想，這是理所當然的事。以旅行來說比喻行動，打算到長野縣去走一走，或是要到伊郡谷去玩一玩，會使道路本身產生變化。打算去買東西來做晚餐的主婦，和打算燒烤，具有具體目標的主婦，在菜市場中所展現的行動效率也截然不同，這是理所當然的。

目標不明確的公司經營，稱之為「抬轎子經營」，因為抬轎子只是發出「嘿喲、嘿喲」看似勇猛的聲音，腳步卻迂迴曲折，故以此作為目標不明確之喻。與此相反的，是擁有明確目標的終點採直線式經營的，稱為「划船經營」。為了要集結每一位划船者的力量，因此要聽從舵手的指示和吆喝聲一起划船，並且具有已經決定好路線的終點。

為了培養孩子的獨立性，經常要建立明確的目標，反覆實行，其必要性是無庸置疑的。問題在於這目標到底要達到何種程度的具體設定為止。一言以蔽之，孩子們想要積極達成的課題不論是到達何種程度，都必須當成自己的問題來掌握才行。

在此，提供一方法，即不要按照以往一貫的方式來設定計劃，而讓孩子們按照自己的「文法」來設定。

以學習的情況而言，被視為優等生的孩童，要他訂定暑假計劃時，會發現他的計劃表和學校中所訂定的暑假計劃表完全一樣。填入的字眼大多是大人給予他們的教育，如「起床」、「休息」、「學習」、「做家事」等千篇一律的計劃。這就像是寫給父母親或老師的計劃表一樣。

如果計劃表不拘泥於時間表形式，而讓孩子去創作獨特的東西，不要光是在印刷表上填上文字，而是讓孩子自行備好用紙或畫格子，填入的字彙也儘可能使用孩子平日所用的話語，會讓人覺得目標和計劃更有具體性了。

9 無法長時間用功、學習的孩子，設定小目標

我所認識的一位幼稚園老師，給予最近小孩的評價，竟然是「罐子太鬆了」。這也許是很奇怪的說法，也就是不論任何事情，都無法堅持到最後一刻的意思。

例如，用午餐的時候，不會把所有的東西吃完，還會留下一塊胡蘿蔔、少許的飯，以及當成甜點的半個橘子等等。

這種傾向在學習或用功上也是相同的，很多孩子在用功到一半時，就轉移注意力去注意其他事情了。像一些剛開始練習彈鋼琴的孩子，意氣風發地彈著鋼琴，但是在不知不覺中，卻只是雙手放在鋼琴上，陷入茫然的狀態中。

換言之，很多的孩子欠缺靠自己的力量完成一件事的習慣。對於這些容易厭倦的孩子，家長不斷地叱責鼓勵他們：「要多努力啊！」或是：「一定要做完為止。」但是，卻無法展

現效果，這也是無可奈何的事情。最後，為人父母就放棄不管了。孩子也習於做事半途而廢，結果父母親認為「我的孩子的表現畢竟是差強人意的」。終於放棄了對他們的鼓勵。

要斬斷這種惡性循環，首先必須要採取分割目標的方法。不要一舉達成最後目標，而將目標分成數段，先設定容易達成的目標。達成以後，再移向另一個目標，像爬樓梯似地一級一級地向上爬，慢慢地朝著最終目標推進。以鋼琴目標練習而言，先設定少量鋼琴練習的數量，給予達成的目標。孩子在複習課業時，不要一再地對孩子說：「要用功哦！」而只要對孩子說：「這件事先做三十分鐘看看。」

一旦具有只要努力就能達成的目標，孩子自然會有努力的意願。達成目標的喜悅感自然就會產生，移向下一個目標的精神驅動力也會源源不絕。

目前，口袋型電子計算機十分普遍，但是珠算補習班仍然歷久不衰，這就是因為只要肯付出，就會一級一級地向上昇，深受小孩吸引的緣故。某一間小學為了讓學童記住國字，決定範圍要他們練習，製造「幾級合格」的證書，重複進行「晉級考試」，結果所有的學童都能通過考試，這是曾經有過的實驗。

為了創造體力而跑，不只是要注意時間而已，可以在地圖上記下這一天的距離，漸漸地就能達成「縱貫全國馬拉松」的最終目標，如此使你湧現出幹勁。

不要在一開始時，就給予過高的目標與失敗的打擊，要利用難易適度的「小目標」，一再地建立自信，培養出具有「持續力」的孩童。

10 給予日課，創造持續力

有人說，近來的小孩缺乏集中力與持續力，是受到電視廣告的影響。衆所周知，電視廣告在三十幾秒至一分中吸引觀衆的注意力，使人對商品留下深刻的印象，場面的切換非常迅速，希望使人牢記在心的廣告非常多。電視廣告時間就像這一類的廣告軟片不斷地出現，使觀賞者也漸漸變得無法平靜，打從呱呱墜地開始，就受到電視洗禮的孩子們，雖然能夠適應這種情形，但是他們能擁有集中於事物的持續力，恐怕就和廣告時間一樣，非常短暫吧！

的確，近來的小學生即使只是上一個小時的課，卻無法平心靜氣地學習。隨著學年的增進，仍然無法平心靜氣學習的小孩，就必須懷疑很可能是甚麽地方出了問題。不過，在小孩還小的時候，不必這麽擔心，因為孩子本來就不可能平靜地存在著。小孩的興趣和產生好奇心的對象經常會改變，不論對一件事多麼感興趣，但是一經過三十分鐘，就會厭倦了。雖然如此，父母親為了孩子的將來著想，當然會希望培養出具有耐力與持續力的孩子。

尤其是在萬事承受恩惠時代成長的年輕人們，據說缺乏忍耐力與持續力。如果不希望自己孩子也變成這情形，就必須想出具有智慧的應對方法。

要培養孩子的持續力，應該怎麼做才好呢？另一方法就是不論任何事，總是要為他製造一個每天都必須做的日課讓他實行。從他小時候開始，讓他收拾飯後的餐具；每天早上拿報紙；進入小學以後，每天都要寫日記，做一些不會造成孩童負擔的工作。最重要的是，每天都必須實行。

剛開始時，要和孩子充分地溝通，藉此使他了解實行日課是必要的事情。除了身體不好等惡劣的情況以外，要提醒孩子每天都必須要注意實行日課。如果孩子想要偷懶，父母親就必須強制他實行。與其說是培養孩子的持續力，還不如說是考驗父母親的忍耐力。但是，一旦孩子能身體力行以後，就不會覺得力不從心了。

某位著名的作家不論自己是否具有寫小說的慾望，每天在決定好的時間就會坐在桌前，強迫自己拿起筆來。有時，靈光會乍現，只要是坐在桌前十分鐘，即使不想要去做的書寫工作，也一樣可以振筆疾書。長久養成這種習慣以後，他對寫作也產生了一種自信。

即使是大人，每天持續做一件事，要終年持續做下去也會覺得很困難。但是，在真正做到以後，那種感動就會更深了。某家報紙的投稿欄，有一位高中學生曾投稿訴說以下事件：自小學入學日以來，每天持續寫日記，寫了數十本。每當在課業或其他方面遇到困難時，這都會成為她湧現勇氣的泉源。當然，要這麽快就要求自己的孩子擁有長期的持續力，實在是太過勉強了。首先，可以先以一週、十日、一個月為劃分，在這段時間內，每天都讓孩子做日課。如果孩子能做到，就稱讚孩子。孩子面對這樣的考驗，就能湧現持續寫日記的慾望了。

11 一旦孩子遵守任何芝麻小事，就要給予讚美

某位著名的高爾夫球選手曾對我說，在見習期間，首先他學到的是要守時。在職業高爾夫球賽的世界中，一旦延誤了趕上比賽開始的時間，立刻就會喪失資格。「嚴守時間」對於高爾夫球員而言，是勝於任何技術的基本技巧。因此，只要比約定的時間遲一秒鐘到達，不論遲到的理由為何，都不允許其練習。如果遲到三次就會被革職。據說教育就是如此嚴格。

對於不遵守時間的人來說，這實在是難以接受的事情。但是，他的老師卻透過遵守時間與否，來決定是否要教他練球，以及不守時多次，就要被革職的嚴懲，來教育他打高爾夫球的重要「技術」。

提及守時，我所認識的某位貿易公司職員，也曾遇過類似的情況。他到倫敦服務時，一位日本的客戶曾到英國來，可能是因為長途旅行疲憊而睡晚了，到了和英國客戶約好的時間時，仍然沒有赴約。等了十五分鐘以後，他終於揮汗如雨地跑了過來，正打算辯解時，英國人卻只是看了看腕上的手錶，對他說道：「這和你的約定不同。」根本不肯聽他的解釋。這位朋友極力地想要挽回，但是英國人卻從椅子上站了起來，指了指門說道：「無法規律自己行動的人，也沒有資格做生意。」丟下了這句話，就離開了。

遠道從日本到這兒來做生意，卻因為遲到十五分鐘，而喪失了生意成交的機會。我雖然很同情這位朋友，但是他卻從這件事中，學到了遵守時間不是對對方的一種禮貌，而是自律的行動基率。他終於了解到英國人的想法，而這種想法自孩提時代，就必須自然養成。要孩子遵守任何小約定，這是培養孩子自律精神不可或缺的要素。就這一點來看，國人都認為遵守約定是為了對方，而不是為了自己，似乎忽略了重點所在。

已故女性評論家坂西志保女士努力地想把自己的想法帶回日本，說了一件小時候與其父親之間的軼事。每個星期四的十二點鐘，二人都約好在離家不遠的鐘錶店前見面，一起去吃午餐。父親對她說，他只等到十二點零五分，所以年幼的她總是拼命地揹著沉重的書包，爬著坡道，深怕自己到的太晚。在下雨的某一天，遲到的坂西女士只好默默地看著父親遠去的背影，哭了起來。

這是非常嚴格的教育，但是孩子卻必須從這一類細節中，學會自我管理。一旦孩子遵守任何芝麻小事，就要給予讚美。如果破壞約定，就要嚴厲地叱責他。這是必要的心理作戰。

父母親絕對不能無視於小孩不遵守小的約定，只有在孩子破壞大的約定時，才厲聲責罵孩子。即使是很小的約定，也必須要遵守，重複這麼做可培養孩子的客觀自視，以及其計劃性與合理性。坂西女士嚴厲地批評國人吊兒郎當，不遵守時間的態度，但是唯有自律的人才有資格如此發言，才能令人心服口服。

坂西女士在生前，經常說：「與其讓別人等待自己，還不如讓自己等待他人，這才是正確的做法。」對於教育方面的事項，也曾說：「每當聽到有人說：『以前真是太好了。』這時，我絕不會這麼想。對於接受教育的人而言，他們很辛苦，但是教育他們的我，也是很辛苦的。以前絕對不是很好的。」(『幼兒開發』)

12 要明確地指出孩子在家裡的工作與行動上的責任

心理學家小組在研究發生火災、地震等災害時，各家庭的應對方式，發現到家庭成員之間要具有明確的任務分擔是很重要的。當然，夫妻間的任務分擔是無庸置疑的，要注意的是即使是小孩，也必須要有任務分擔。在發生緊急事件時，就會發揮很大的意義。這是截至目前為止的多起災害經驗報告，而引起注意的事項。

即使是很小的孩子，在平日就要求他「把收音機的乾電池和蠟燭的袋子拿來」，決定他應該做的任務，訓練他從不忘記，就可以培養珍貴的「戰力」。

但是，這件事還具有另一重大意義，也就是在小孩遇到災害時，對於父母親而言，他們是很珍貴的存在。依情況的不同，甚至有時候也會妨礙父母親的行動。但是，如果能在任何小事上分派它們一些任務，即使是很小的孩子，也能夠在遭遇危險時運用他們脫離危險的智慧。因此，給予他們的任務，有時候會成為他們展現敏捷行動的原動力。

這一類訓練，即使是在沒有遭遇到緊急事故的平穩歲月中，也不會浪費。可以當成是培養孩子珍貴的獨立心的方法之一。而且，這種想法不只是在處理災害問題上，家中的工作與行動等，也可以採用這種方式。為了培養具有自主性，有責任感的孩子，應該經常製造讓孩子有「主角感覺」的體驗機會。

自由電視節目主持人的創始者，木元教子女士曾在雜誌中，寫下這樣的文章：在她小時候，曾經幫忙劈柴來燒洗澡水。她劈柴，弟弟則負責生火。這附近的鄰居看到了，都說：「這不是相反了嗎？應該由阿教來生火才對呀！」但是，她的母親卻佯裝不知。到現在為止，木元女士仍然非常感謝對自己所說的話負責任，默默在一旁守候的母親。她自己的孩子，即使是男孩，也必須自行洗衣服和燙衣服。長男也成長得很好，甚至拿著自己做好的便當，去參加東大大學入學考試。在父母親的眼中看來，孩子初次做事是很危險的。但是，只要父母親肯放手讓他們嘗試，他們就能應付自如，並且具有很好的工作效率。

長年待在日本的猿猴中心所長，已故的宮地傳三郎先生，曾在同一本雜誌中回憶道：「根據我在幼年時期的記憶，在工作上經常都是礙手礙腳的，但是到了孩童時期，如：擦煤

父母親的激勵能使孩子獨立 2

家庭內的工作與任務，要明確地分派給孩子去做。

油燈、打掃庭院、除草等等，兄弟們都要一起分擔家事。」對孩童而言，養成「被賦與責任」的自覺是很重要的。對父母親來說，也許會很麻煩，但是孩子透過這種自覺，卻能培養出責任與自主性。

例如，可以要求孩子每天早上起來，就要養成疊被子的習慣。對幼兒來說，這是很勉強的工作，但是母親也不能因此而幫孩子摺好被子，頂多是幫孩子拉拉被角，讓孩子每天去做自己的工作。

藉此培養孩子「不是父母親要我這麼做」，而是「我自己要做」的感覺。這感覺長時間持續下去，就會產生一種這工作除了自己以外，沒有人可以做到的責任感，就能培養出獨立心極強的孩童。

13 要明確區別父母親的所有物與孩童的所有物，藉此確立自我

近來的家庭，不論各方面，在親子方面的區分已經不太明確了。這種親子黏著的關係不必我贅言，大家也知道會妨礙孩童獨立心的成長。

最極致的表現就在飲食上。父母親經常會把菜餚挾在孩子的碗裡，或吃孩子剩下的東西。如果較小的孩子還會餵食。在歐美，將飲食視為是教育的絕佳機會，很徹底地實行，東方與西方文化在此產生了很大的分岐。歐美明確地把親子關係劃分出來，幾乎都看不到把菜合在一起吃的情形。

在日本，昔日地方之家有「箱膳」的習慣，也就是在木箱中，裝個人用的食膳，把蓋子反過來時，就成為餐桌。箱裡放著自己用的食器和吃剩的食物，也就是自己的食物由自己來收拾，這是自古以來就存在於日本的觀念。現在，已經看不到還有人拿箱膳出來使用了。箱膳的教育不只是飲食，各方面都可以供作參考。

為了讓孩童了解自己與他人的區別，確立自我，首先要讓他們了解到父母親與他們是個別存在，以此作為出發點。要幫助他們有此認識，教導孩子區別父母親的所有物與自己的所有物，也是一種方法。就這意義而言，即使是在飲食時，自己的食器、自己的菜餚、自己吃剩的東西都要自己收拾的「箱膳」，具有極大的意義。

經常聽人說，讓孩子擁有自己的牙刷與玩具等，能夠促進自我的確立。例如：意大利的幼兒教育之祖蒙特梭利教育法，就是納入了這種做法。方法是孩子在玩遊戲時，從自己用的玩具箱中拿出玩具來，玩過之後，自己要把玩具放入玩具箱中收藏好。以這種方式來教導孩子，自己的東西在自己的責任下使用，並且收拾，才能使自我發達。

目前，一般的家庭中也很可能在孩子的所有物上寫上名字，或是把孩子的東西收到玩具箱中，進行這方面的教育。

但是，現代父母親忽略的是，自己的所有物也要予以嚴格的管理。如果讓孩子管理他本身的所有務，而自己的東西也讓孩子觸摸，這只是偏重一方面的做法，會使效果減半。

父母親的寢室、衣服、工具、食物等，都必須要由父母親管理，不允許孩子觸摸。清楚地區分父母親的所有物與孩子的所有物，互相不去觸碰對方的東西，能夠有助於孩子的自我確立。

14 家中即使沒有獨立的房間，也要有「小孩的空間」

日本人是空間設計較弱的民族，以家的構造而言，當然是受到住宅情況的影響。不過，像歐美廚房、餐廳、寢室、客廳，依目的的不同而分開使用，在日本則是多目的化加以使用。起居室可以成為客廳，可以成為寢室，也可以成為餐廳。最近，「DK系統」普及，每一位家庭成員終於可以確保擁有自己的房間。

然而，這些設計並非配合使用空間的人而進行設計，只不過是孩子要一個房間，就給他一個房間而已。

只是在這種意識下，分出自己獨立的房間，因此父母親不會多加留意，而會把豪華的桌子和照明器具放在孩子的房間裡，讓重要的孩子在餐廳裡讀書的例子也經常可見。

這都是欠缺使用自我的「空間」的訓練和智慧所造成的。對孩童而言，最必要的不只是獨立的房間而已，而是能夠安心遊玩的空間。這空間必須使其確信為「自己」所有。

女演員中村就曾說過：「我希望自己的房間是一個能『哭泣的場所』，以更深的意義而言，不只是一個能『哭泣的場所』，而是在心情不佳的時候，能夠讓我躲藏的場所。」

在家中，讓孩子擁有一個能隨心所欲地發洩自己的感情與心情的空間，對於培養孩童的獨立心而言，是絕對的條件。

這並不是表示要給他們一個屬於個人的房間，即使只是劃分出起居室的一部份，製造一個「孩童的天地」也可以。這地方擺置的並不是父母親認為孩子有益的東西，而是孩子喜歡的鋁箔包、厚紙板、牛奶、捏做的紙杯或是塑膠蓋等都可以。

空間感覺艮好的孩子即使沒有門或窗簾，也會把它視為是「自己的場所」，製造一個眼睛看不到的帳幕，能夠享受自由。

孩子稍長以後，可以靠隔間創造孩子獨立的空間。可以讓孩子運用自己的想像力，去設計屬於自己的空間，或是由父母親多下點工夫為孩子設計。比起父母親所給予的書桌而言，孩子自己隨便用板子釘成的桌子，更能夠讓他自覺到「個體」的存在。

不要勉強地去區別孩子的房間，只要從旁協助孩子製造一個屬於他自己的空間，才能培養其獨立性。唯有如此，孩子才能自由地出入自己的空間與父母親的空間。

父母親不是要封閉孩子，而是讓孩子在隨心所欲的狀況下，擁有能封閉自己的「選擇自由」，培養能自我發現的心。

孩子在到達某個年齡層時，會要求擁有獨立的房間，這時最好答應他的要求。

孩子了解「空間」的意義，想要獨立，與父母親勉強地給予孩子獨立的房間，有很大的不同。要求自己的房間，想要確保獨立的空間，才能使孩子的獨立心向前邁進一步。

第二章

鼓勵

——孩子面對困難時，鼓舞孩子的方法

1 對於陌生的工作只給予初步的指示，讓他們去做

「一人旅行教育」等，從幼兒期就開始使用獨特方法的著名插圖畫家眞鍋博先生，對於發生在自己周圍的一些事情，如果孩子們從未曾接觸過，就會讓孩子們去做。例如：必須要拍電報到外國去時，對孩子說：「到中央郵局去，拍電報到美國。」給予最初的指示和收信人名字，以及電文內容而已，沒有告知他任何手續，就把他送走。

然而，在即將出門前，卻不忘給他一個建議，那就是：「如果你真的很不明白該怎麼做，可以詢問到處都可以看得到的穿著制服的人。」因為穿著制服的人，就好像穿著他的職業一樣，所以可以安心地詢問這些人。

這建議真不愧是真鍋先生所獨創的方法，我非常感動的是，讓孩子去做完全不曾接觸過的事，是他確立的教育方針。就「培養孩子獨立的藝術」而言，這也是很有道理的考量。

一旦孩子接觸到以往完全不了解的事物時，對於增加孩童的體驗和知識而言，這是絕佳機會。這機會按照使用方法的不同，可以培養孩子的持久力、忍耐力，面對困難時，能向困

難挑戰的活力的絕佳方法。一般的父母親，很可能會因為讓孩子去經歷未知的體驗，而感到不安，會向孩子說明詳細的手續。雖然刻意地想要讓孩子去體驗新的事物，但是事前卻給予過於詳細的說明，使新體驗也不成為新的體驗了。

就這一點而言，真鍋先生的做法非常合理。到哪兒去，做些甚麼，只給予最初的指示，不告知詳細的手續，透過這方法，即使孩子不願意，也必須自行發掘問題，自行找出解決問題的方法。也許，最初認為很簡單的事務中，卻有難以預料的困難陸續地在等待著他。這發現的驚訝也包含著孩子向新事物挑戰的感動在內。

也有教育實踐家將這想法刻意地納入學生的教育中，而獲得了成功。在長野縣的八坂村設立青少年野外活動中心，負責教育缺乏生活力與生命力的都市孩童的青木孝安先生等人，就是最好的例子。

基於長時間教職生活的經驗，當都市裡的孩子來到這兒露營時，對於他們甚麼都不懂，而感到驚訝的青木先生，在一定的期間內，讓都市孩子住在當地的農家，只給予他們活動的指示和教訓，開始實踐讓孩子們陸陸續續能得到新體驗的教育。

孩子們由於父母親不在身邊，不可能有問題就能馬上得到答案，只在監督者陪同的野外活動中，初次面臨擦火柴的方法、引火的方法、煮飯的方法等考驗，這是他們第一次面對的問題，不斷有失敗出現，要用自己的頭腦思考，要用自己的手解決。數日以後，他們變得判若兩人，比以前更堅強地回去了。

青木先生的指導理念中，有一句話是說：「指導者是站在孩童的背後。」對今日的孩童而言，需要的不是父母親站在前頭的領導教育，而是讓孩童率先前進的教育。只要給予最低限度的指示，讓孩童不斷地朝前進，自行摸索未知工作的方法，一定能夠得到好結果。

2 對於老實溫馴的孩子，父母親必須先挑起戰爭

「乖乖地按照吩咐去做的孩子」，我們會無條件地為之冠以「好孩子」的頭銜。尤其是女孩，當詢問為人母者希望養育甚麼樣的孩子時，說要養育溫馴的孩子佔壓倒性多數。

為什麼會希望孩子溫馴呢?為人母者的回答一定是能使人際關係良好。的確，乖乖地照大人的吩咐去做，具有協調性，將來在人際關係上較不容易產生摩擦，不會惹人憎惡，至少在解決事情上，不必太費工夫就能順利地解決了。

但是，我猜想希望孩子乖巧的父母親，心意還是在別處吧！也許，父母親本身並沒有察覺到，希望孩子乖巧聽話的背後，還隱藏著父母親的自私自利。因為教養乖巧的孩子會較容易，比起一年到頭違背父母親所說的話，頑皮惡作劇的孩子而言，按照大人所說的話去做的孩子，依照父母親的吩咐去做事的孩子，教養起來較不花費心思，這也是事實。溫馴的孩子、聽話的孩子、老實的孩子，以大人的眼光看來的「好孩子」，實際上只不過是不必太麻煩大人的「好孩子」。

像這樣的「好孩子」，真的能夠達到令人滿意的狀態嗎？關於這一點，德國心理學家海茲調查具有很大的啟示。他將二～五歲顯示強烈反抗期的孩子，以及溫馴的孩子各一百人編為二組，追蹤調查至青年期為止，結果發現反抗期較強的孩子，八四％成長為意志力堅強，具有判斷力的青年。至於反抗期並不顯著的孩子，則大多成為無法快速判斷事物的人，具有意志力和判斷力的只有二四％而已。

由這調查結果顯示，溫馴的孩子也可以說是不具有自己的行動原理的孩子。對於周圍的人所說的話，從不抱持疑問，只是遵從而已。

當然，等到孩子年齡稍長以後，為了討父母親的歡心，偶爾會有意地在父母親面前裝出溫馴的樣子。但是，直到小學低年級為止的小孩，如果太過於老實而又溫馴時，為人父母者應該不能因為他是「好孩子」，而感到高興吧！

我認為讓父母親認為「我的孩子是乖巧的孩子」，受父母親稱讚，而感到喜悅的孩子，卻是欠缺意志力和行動力，或是心靈受到強烈壓迫的孩子，讓我覺得問題點頗多。

有時候，對於這些孩童有必要表現出挑釁的態度，要故意製造出會使親子之間產生衝突的場面。

例如：有時候孩子想要做自己想做的事，父母親可佯裝不知。

這時，父母親切勿表現出高壓態度，因為這樣只會使孩子感到畏懼而已。首先，讓孩子說出他想說的話，這是很重要的。然後，為人父母者再表示反對。

如果孩子能夠針對父母親的意見再提出自己的意見，那就算成功了。通常，擁有溫馴孩子的父母親，在一開始時，就會以自己的意見來壓制住孩子。如果你的孩子是不需要讓你多花心思的「好孩子」，你就有必要回顧一下是否也曾出現類似的情形，如果正是如此，就必須要更改作戰方式了。

3　即使明知孩子說出的事情會失敗，也讓他去做

產生新發想手法技巧之一，有所謂著名的集體思考手法。這是美國的歐茲邦所想出來的方法，讓小集團的團員對於所給予的課題集思廣益，儘量地製造出更多的構想，將這些構想組合起來，或是進行改良，而成為新的發想。

要使這集體思考成功的鐵則，是不能批評任何奇怪的提議，或是不可能實現的意見。只要是成員提出的構想，都不能任意地批評，否則只會產生一些視為理所當然的意見，那麼集體思考就沒有任何意義了。日本的企業實行這方法不順利的原因，是由於擁有對他人意見進行評斷的批評會制之組織，從經歷豐富的上司眼光看來，一定會認為新加入公司職員的意見是不是可取的。這麼一來，會使成員們侷限於上司的思考模式以內，最後集體思考就會淪為上司的「意見聆聽會」，而告結束了。

這種情形在日常工作中，也是一樣的。日本企業很難進行權限委讓，因此無法培養新秀。在這一點上，本田技研的創業者，已故的本田宗一郎先生認為：「沒有比不失敗更可怕的

事情了。」因此，儘量將大量的工作交給新手去做。即使是以本田先生的眼光來看，認為會失敗的工作，也任由新手去做，而不橫加干涉。這種做法看來彷彿是鼓勵失敗，但是到目前為止，這些從失敗中學到經驗的新秀已經成為經營的中樞，盡力於企業發展上，這做法在父母親教育子女上，有許多可學之處。

在父母親眼中看來，也許子女會提出一些突如其來的想法，或是想做一些遙不可及的事情。這時，父母親如果嘲笑孩子，或禁止孩子去做他想做的事情，孩子就會停止用自己的大腦去思考，用自己的腳去走路了。結果，就會教育出一個只按照父母的吩咐去做事的「好孩子」，而喪失了按照自己的意志做事的開拓者精神的孩子。要使原本具有無限可能性的孩子發揮其長才，就要使他們不畏懼失敗或危險，儘量去體驗新的事物。

有時候，孩子的想法很可能會失敗，但是取而代之的卻是從中得到寶貴的教訓。父母親們應該害怕的，不是孩子的「失敗」，而是孩子成為「甚麼也不做的人」。

此外，要培養孩子的積極性，當孩子說出自己想做些甚麼事時，這是絕佳的機會。這時，父母親的對應態度可以決定是培養出「不畏懼失敗的孩子」，或是「甚麼也不做的孩子」。這說法並不為過。經常有人說：「還沒有得到以前，就先拄好拐杖。」如果父母親只想到孩子會遭遇失敗，而阻止他們去做，恐怕就會使孩子變得沒有拐杖，就無法走路，或是在重要關頭一跌倒，就爬不起來了。

要培養孩子面對困難，也能積極處理的態度，不只是不使孩子的想法侷限於父母親的思考範圍內，父母親是否採取認真聆聽的態度也是很重要的。日常生活中，就要仔細聆聽孩童的意見，想做的事情就讓他們去做，培養這種心理是第一要件。

4 即使是重要事項，可以由雙親作出數項選擇，而由孩子從中做出最後決定

昔日，在歐洲的某個國家，有一幼小的王子在父王駕崩以後繼承王位。父王的崩逝十分突然，因此王子還來不及學會帝王學。儘管如此，仍是有各種事務置於幼新王之上，需要由新王作出重要的決定。

這時，認為應該由大臣代行政務，行使執權制的呼聲高漲，但是長期以來任於王家的大臣堅決反對，而準備好幾個答案，在遇到複雜的國事時，由新王採取最後的定奪。

實際上，這位具有智慧的大臣準備好的是不論新王決定採取哪一種方針，都不會產生任何重大錯誤的答案。可是，藉此卻希望新王能及早自覺到統領國家的責任，以及培養決定的能力，在不為人知時，嘗試進行帝王教育。

我在少年時代聽到的這一個故事，想到顧念主家的忠臣之至誠，以及位居人上，責任感的沈重，所以這故事長時間以來，深印在我的腦海中。現代孩童的教育問題，尤其是適用於培養孩童成為偉大社會人士的子弟教育問題，已經到了必須重新加以評估的地步。

這故事也含有珍貴的教訓在內，也就是孩童不只是按照父母親的決定去做的存在，而是靠自己的意志來進行取捨，掌握自己做決定的經驗。這決定做了以後，當然就能夠培養其成為一個無法從責任中逃脫的具有自主性、積極性的人。以這意義來看，另章所列舉的獨立心，就有如自律心，也就是規律自己的心。

這想法納入學校教育中，在英國與美國曾盛行一時，成為著名的開放式教育。這系統是以培養孩童的獨立性、積極性為目的，讓學生們自行擬定學習課程，然後按照這課程學習的方法。這方法在歐美，被視為是學習的基本型，其根本就在於尊重孩童自發意志的精神。以孩童必須成長為一個自主人格為前提，自己決定自己的行動，並且實行這決定，以這方法來培養積極性。這也是可以納入家庭教育中的好方法。

當然，以現實問題而言，孩子將來的出路或一家的經濟也會造成很大的影響，所以不能夠讓未成熟的孩童進行全面的決定。因此，有時也必須進行心理作戰。

其中一個方法就是以前述故事中所說的大臣做法供各位作為參考，也就是必須決定重大問題時，讓孩子也參與其中。儘可能選擇大型的題目，給予選擇的機會，取而代之的是父母親要準備好幾個答案，在必要最低限度不會出差錯的範圍內，作出答案。然後，委任子女作最後的決定。

例如：我就認識一家人，打算買自家用車時，父母親召開家庭會議，甚至在價格上也提供了數種價碼，作為選擇。讓孩子從中決定要選哪一種車。孩子們很快地開始收集資料，展開了白熱化的討論。結果，孩子們甚至比任何人都更加通曉車子的細部，雖然未滿考駕照的年齡，而且也不會駕駛，但是連洗車等保養問題，都能進行自主性的計劃，令父母親感到非常驚訝。

對於自己決定的事情，孩子也一定能夠積極地去做。

5 外出時，讓孩子有一定的時間展開個別行動

自古以來，就有人說疼愛孩子，不要讓他去旅行。但是，讓孩子獨自去旅行，卻是培養孩子獨立心的好方法。像先前所提及的真鍋博先生的「一人旅行教育」中，也保證具有這種效用。如果孩子正值小學生的年紀，趁春假或暑假時，讓孩子獨自旅行到鄉下親戚那兒，也是可行的方法。

但是，如果孩子還沒有長得這麼大，在平常的生活中，也可以想出一些具有和「一人旅行」相同效果的方法。

例如：在休假日到某個地方去玩時，決定好集合場所，讓孩子們自由行動；或是在到達目的地以後，大家分別行動，各自獨自回家，這也是很好的方法。

也許，有人會說，如果孩子在這種狀況下迷路了，要如何是好呢？為此而提出反對的意見。但是，我希望在某種意義上，孩子能夠成為「迷途的羔羊」。

以前，在NHK的節目中，曾作過有關於「迷路孩子」的報導。星期日那一天，在動物

父母親的激勵能使孩子獨立 3

外出時，要讓孩子擁有個別行動的時間。

園裡，終日坐在等待迷路孩子的遮棚下，觀察被帶來的迷路孩子的生態。這時，我感到興趣的是迷路孩子的態度與母親態度的關係。

這關係大致可分為二種。一種是迷路的孩子會大聲地哭泣，而母親則會臉色蒼白地跑過來。另一種則是迷路的孩子會和其他的孩子一起遊玩，母親也以優閒的態度來迎接他。這二種態度根本的不同點，反映出平日的親子關係。

前一型的孩子可能稍微跌倒就會哭泣，並且會即刻尋求雙親的呵護，將之視為理所當然，而平日過的也就是這樣的生活。父母親則認為孩子還小，仍然很弱，也不遺餘力地照顧他，充分地予以保護。

然而，第二類型的孩子卻是自己能做的事，或是看起來好像他能做到的事，不必藉助父母親的幫助，全都讓他自己去做。

可以想像得到的是，即使孩子遭遇到些許挫折，父母親也視若無睹，讓孩子親自去體會這種體驗，而只是謹慎小心地守候在孩子身旁。

這二種類型中，究竟以哪一類型的父母親較能培養出具有獨立心與自主心的孩子呢？相信不必贅言，各位也可以得知一二了吧？

重要的是，後者的父母親培養一種「讓孩子習慣迷路」的態度。如果能建立這種關係，對於成為「迷路孩子」的小孩而言，就不會成為一種非常可怕的體驗了。因此，為人父母者應該要讓孩子迷路，而以從容的態度來面對孩子。

前東北大學名譽教授近藤正二先生回顧幼年時代時，曾有以下的說法：他與生俱來就體弱多病，後來究竟是如何克服的呢？小學時，他記得經常享受通學或遠足時的步行之樂。在深刻體會到這種樂趣以後，星期日經常會和朋友一起走到附近的城鎮去，增加步行的機會，向長遠的道路挑戰。

結果，近藤正二先生在肉體上與精神上都變得很雄壯了。

近藤正二先生固然體弱多病，但是心中卻燃燒著想要使自己更加強壯的熱情，相信在許多愛撒嬌的孩子中，也有一些超乎父母親的想像，希望克服自己的軟弱身心的心情在萌芽。希望父母親不要過度保護這發出的芽，切勿任意摘除，而要使其成長茁壯。

最恰當的方法，不就是用自己的腳「走路」嗎？

6 有時候，要有意地製造「鑰匙兒」

我國的幼稚園和小學為了讓孩子們熟悉團體生活，因此，首先要做的就是抑制其獨立性的萌芽。不只是學校，孩子從出生起就和父母親黏在一起，是我國教育的特徵。

以歐美的情形作為探討，如先前所敘述的，父母親為了讓孩子能獨自入眠，因此很少陪他們一起睡。即使孩子在半夜時哭泣，也不予理會，是採取較為放任的幼兒教育方式。幼稚園也採取尊重孩子的獨立性與自發性的保育方式，原則上是「當孩子熱衷於做某件事時，隨他去做」。

讓孩子充分地思考，或是給予孩子獨處的場所，這都是可取的，而這也是眾所周知的事實。如果太過於重視團體性，反而會培養出一個只知道順應潮流的人。

父母親故意製造孩子獨自遊玩，獨自訓練、學習的場所，是培養具有自主性孩童的最好方法。

就這一點而言，最簡單有效的方法，就是讓孩子們看家。當然，這也是很大的冒險。

依照孩子的年齡，製造各種條件。如果孩子自己會用鑰匙開門與關門，知道如何處理火，那麼父母親注意到不引起火災事故的最大限度的範圍，讓孩子留在家裡看家，就具有很大的意義。

在都市中，很久以前有關「鑰匙兒童」的問題就已經被大家議論紛紛了。議論的內容不外是「回到家裡都沒有人在，是一個孤獨的鑰匙兒童」，大多認為孩子是可憐的犧牲者。的確，對孩子而言，讓他獨自看家，孤伶伶地吃冰冷的晚餐，這實在是一件很痛苦的事。但是，相信這些孩子很快就能離開「撒嬌」的階段，所以不能單純地只是把它視為是悲劇而已。

父母親有時候有必要故意讓孩子成為「鑰匙兒童」。當然，父母親在安全方面，要作充分的考量，不要留下孩子無法獨自處理的問題。例如：要記得把瓦斯的總開關關閉，至於其他危險的東西，就放在孩子用手搆不到的地方，煮好一些孩子能自行挑選的食物。

自己一個人留在家裡看家，除了要忍受孤獨以外，還有一項優點，那就是與訪客之間的對應。

當陌生人來訪時，孩子無法逃避，只好和對方談話，詢問對方的來意，並且予以拒絕。

對於經常躲在父母親背後的小孩而言，如果被迫面臨這種狀況，也只好自行想辦法應對。

剛開始時，即使是短時間也很好。讓孩子獨自留在家中，可以培養忍耐孤獨的忍耐力，與應對事物的能力。

7 偶爾可與關係親近的家庭「交換」孩子，輪流住宿

俗語說：「可愛的孩子，不能讓他去旅行」，或是：「讓他在外經歷人生的苦難，吃別人的飯。」脫離日常生活的穩定，經歷與家人一起生活時不曾有過的辛苦，以教導孩子長大成人的意義來看，離開父母親的生活，就各方面而言，會使孩子的精神更為獨立。

插花池坊家的池坊專永先生，成為中學生以後，為了繼承父業，而到比叡山去修行，他憶當年道：「比起誦經文而言，離開父母親身邊，獨自生活的經驗更是可貴。慢慢地忍耐，就能夠繼續忍耐下去。雖然我沒有優點，但是卻比別人多了這方面的經驗。」（『幼兒開發』）先生敍述當時的心境是：「對於年幼的我而言，是一連串的打擊，彷彿四面楚歌一般。」這種「四面楚歌」的狀況，對於池坊專永先生的精神生活產生了正面的影響。

現在，不論是修學旅行、臨海學校、森林學校或社團的在外住宿等等都是，讓孩子們處於「四面楚歌」的狀況是很好的。我認為各位應該做能讓孩子處於「四面楚歌」狀況的父母親，從心意互通的人一起生活的穩定生活中，要故意地把孩子趕到不安的狀況裡，找一個關係親密的家庭，讓孩子住在那裡，或是互相交換孩子，輪流住宿。

在「別人家中」生活時，就必須要不斷地忍耐。原本不喜歡吃的東西也要吃，愛看的電視節目很可能也不能看了。要自行穿上睡衣，即使不願意，也要睡覺。縱使是遇到困難，也沒有像母親一樣，可供撒嬌的人了。

生活的基本狀況與現在完全不同，對孩童而言，會產生不安的心理，這也正是屬於「四面楚歌」的狀況。但是，孩子靠著自己的力量度過這狀況以後，就學會忍耐，能夠客觀地觀察自我了。

與他人共同生活的日子中，會產生體貼他人的心理，也能培養出觀察他人的眼光。「吃別人的飯」的體驗，能開拓孩子的新世界，重新評估自己的生活，回到家以後，就能使自己的生活更加豐富了。在我小的時候，也經常在親戚家住宿，現在仔細想想，這也是母親為了培育我而進行的作戰方法。

即使是關係親密的家庭，把自己的孩子放到別人家裡去，父母親也必須要有互相配合的覺悟。當然，父母親心裡會掛念著不知道孩子是否會自己穿衣服、吃飯時，是不是會剩下一些飯菜、會不會像平常一樣，太過愛撒嬌，對於很多事情都會非常在意。但是，喜歡冒險的孩子在面對新生活時，能夠勇敢地迎戰，相信他一定能享受未知體驗的樂趣。也許，在孩子回家以後，你會驚訝地發現他以前一直說很討厭，而不愛吃的食物，現在已經能夠吃下了。以這意義來看，讓孩子「吃別人的飯」，在平常的教養而言，也是父母親反省的好機會。教育除了是一種心理作戰以外，同時也是在考驗父母親的勇氣。

8 讓孩子對訪客做自我介紹，甚至同席

當我走訪美國時，有一位大學教授邀我到他在華盛頓的住宅去。當時，正好教授夫人身體不適，所以沒有同席，取而代之的是一位小學四年級的男孩和教授一起歡迎我們，坐在席上。

我很驚訝的是這位少年的態度，當我們大人之間的寒暄告一段落以後，他開始很有禮貌

地作自我介紹，而且問候我們的遠途之旅，對於我們的國家抱持著關心度，並且說知道東京是世界上最大的都市，也是集近代技術之精粹，這些知識都是他從學校課程中得知的，希望將來有機會能到我的國家去拜訪，並且也能毫不拘束地加入大人的談話中，令我們感到十分意外。尤其是當父親離席以後，他率先提供話題，使身為客人的我們一刻也不覺得厭倦，彷彿是一位「小紳士」一般。

我在小學四年級的時候，只會從紙門的陰暗處偷窺訪客的樣子，期待對方帶來一些禮物，這之間真是有天壤之別。當然，那個時代的少年不會因為時代與國境的不同，而產生急遽的變化。這是由於教育所造成的。再怎麼優秀的孩子，如果母親的身體突然不適，要他暫代母職接待客人，在匆忙中學會這些禮儀的話，我想他也會窘態畢露。因此，應該是在平日有客人來訪時，就接待客人，加以應對，累積經驗。

我國大多數的父母親都認為孩子永遠都是孩子，永遠都那麼天真無邪，毫無顧慮，不諳處世之道，在思想上根深蒂固地認為這才是孩子應有的姿態。甚至有的父母親會認為，像美國這樣的小紳士並不是很可愛的孩子，這也是一種看法。但是，不論多麼可愛的孩子，也不可能永遠都是個孩子。孩提時代只不過是一個過度時代，必須要克服這種未成熟的階段。換言之，天真無邪的可愛或無顧慮，本來就是要喪失的，這是無可奈何的事。

當然，我相信沒有一個人會希望孩子永遠是可愛的存在，或是懦弱無知的人，因此偶爾也要讓他們在大人的世界中與大人為伍，學習生存的智慧、技術與精神。如果延遲這種學習，就會被指責為怠慢的教育態度了。

也許，這是誇大其辭的說法。但是，我感覺到讓孩子初次展露在社會的時期和方法，並不為國內的父母親所重視。要使孩子能積極地面對社會，儘早成為優秀的大人，產生這方面的自覺的話，大人就有必要把孩子當作完整的個體來對待。因此，要毫不逃避地接受吹入家庭中的社會風潮，使其獨立。

吹入家庭中的社會風潮，最典型的就是來訪的客人。當家中有客人來訪時，不要對孩子抱以漠不關心的態度；也不要讓孩子逃走，躲藏起來，而要孩子堂堂正正地出來，向客人打招呼。依年齡的不同，有時候可以讓孩子作自我介紹。

如果不妨礙，也可以暫時讓孩子同席。

當然，孩子會覺得很彆扭，而顯得手足無措。但是，在這種困窘的狀況中，也讓他們學會如何面對社會之風的嚴苛。

9 當孩子因受欺侮而哭泣時，讓他想想如何才能獲勝

據說時下的孩子不諳打架的方法。的確，就我目光所及，已經鮮少見到糾纏在一起，或是展開鬥毆的大型打架場面。我也不知道這究竟是好，抑或不好，實在不易遽下定論。

根據發達心理學的看法，認為孩子有了打架的經驗，才能適應團體活動。同時，受到鬥毆時的痛楚，或是做了甚麼事，才讓對方覺得情緒激動等等，透過打架可以提供各方面的學習材料。

但是，最近由於大型打架的比例減少，父母親介入孩子的爭執的情況卻增加了。當孩子哭著回家時，父母親就會跑到對方的父母親面前去，指責別人教養孩子的方法不當，或發一些牢騷。但是，這卻不是真正的教育。

昔日的傳統，當孩子有所爭執時，如果父母親出言干涉或插手，都是非常丟臉的事情。現在這種思想逐漸變淡，是由於父母親過於保護子女所致。

不論事情大小，孩童之間的爭執讓他們自行去處理，可以培養其獨立心。例如：孩子打

架打輸了，就應該想一想，要怎麼樣才能夠獲勝。可以在鍛鍊臂力以後，再向對方挑戰。如果是輸給年紀較大的孩子，也可以讓孩子去想，自己也應該快點長大。如果二人的體形差距太大，可以幫助他想出靠學習或運動成績來比賽的方法。

在以前，孩子的學校同學或附近的集團中，都會有特別頑皮的孩子王。有時候，他們會欺負其他的孩子，成為集團的領導，並且告知自己的嘍囉在打架中獲勝的方法。遺憾的是，這種領導者似乎已經不存在了，因此孩子哭著跑回家以後，都會向父母親撒嬌，這時父母親就要擔當起領導者的責任了。

極端的說法，就是父母親成為「孩子王」。

當然，只是給予建議的孩子王。父母親要讓孩子去想，要怎麼做才能戰勝欺侮他的孩子，這比起父母親代為決定而言，更能產生較大的效果。

我鄰居的小孩突然說要學劍道，於是每天早上開始練習。追問他原因，原來他是為了要戰勝好幾次使他哭泣，較為年長的小孩。也許，有的人會認為，這不是真正的武道精神，可是要靠自己的力量，使自己變得強壯的這小學生的想法，不只是侷限於打架上。而且，也能從完全依賴父母親，向父母親「嬌寵的構造」中逃脫出來。

現代的父母親似乎有必要以粗魯的說法對哭著跑回家的孩子說：「下一次你讓他哭著跑回家。」

10 當孩子失敗時，要他重新再做遠比責罵更能培養其責任感

「我一再地提醒孩子注意，但是相同的一件事都會一再地做不好。」相信有很多母親會這麼說。從做家事到算術的計算為止，相同的失敗重複了好幾次，究竟是教導方式不對，或是孩子欠缺這方面的能力呢？做母親的也許會感到不安，但是我認為如先前所敍述的，「我一再地提醒孩子注意」，這提醒的方式本身可能產生了問題。也就是或許由於她們提醒過度，反而造成孩子的失敗。

代表日本的政治家，已故的藤山愛一郎先生曾經敍述過母親管教他的方法，其記述如下：「在我年幼時，父親並沒有龐大的資產，母親經常會命我到赤坂溜池的古渡屋漿洗店和日本橋的木原店去買餅乾。有時候，我把時間弄錯了，雖然她不會生氣，但是要我明天再去一次。為了不弄錯時間，我會事先寫下來，然後再去辦事。」

藤山先生的母親雖然沒有學過心理學，但是卻深語人類心理的微妙變化。一旦全力以赴卻遭到失敗，還招來一頓責罵，就連成年人也會感到不高興吧！他們很可能會因為受到責罵，而產生反抗的心理，失去了反省自己失敗的餘地。就這一點而言，如果默默地命令他們重新去做，孩童也能夠分析自己何以會失敗，而注意不要再犯相同的錯誤。

幼小的藤山先生會拿著備忘錄去辦事，就是因為能反省自己的失敗之故。如果他的母親在這時，提醒他拿著備忘錄去辦事，究竟他是否能做得很好呢？我想，情況一定會相反吧！如果由別人來吩咐你做這件事、做那件事，通常你會很難用自己的大腦來思考，而只會遵從別人的意思去做。

因此，有人提醒的時候，會做得很好。但是，一旦下一次再遇到相同的問題，卻沒有人提醒的時候，就會重複相同的失敗了。

即使孩子遭遇失敗，也不要責罵孩子，命令他重新去做，把這種做法當作指導孩子做算術的方法，在教育界引起衆人矚目的公文教育研究會的做法，在此供各位作為參考。

一般人稱之為公文式算術的學習法，指導者在原則上並不教導孩子學習任何東西。

父母親的激勵能使孩子獨立 4

當孩子失敗時，與其叱責他，還不如要求他重做，才能培養其責任感。

寫好計算題的教材，然後交給孩童。指導者檢查答案，如果有錯誤，要他重新再做。簡單地說，就是相同的問題要重複地做，做到滿一百分為止，這就是公文式算術。然而，僅僅是靠這做法，卻能使原本在學校成績不理想的孩子，大大地展現實力，甚至連超乎學年以上的問題，都能夠迎刃而解。

由這例子就可以明白，要讓孩童自我反省，責罵或提醒根本無補於事。當然，孩子做錯時，只要命令他重新再做，讓孩子去思索，由此而產生責任感，我想這應該是錯不了的。

11 節日慶典不要只是看，而要參加

現代的小孩團體生活的經驗較少，這也是大家注意到的問題。其實，在幼稚園、小學、各種補習班，在「集團」中學習的機會並不能說少。在幼稚園與小學的教育目標中，也歌頌著集體生活的協調性與社會性的涵養。儘管如此，這只不過是「教育」的場所，並不是「生活」的場所。在同學或老師等集團中，所得到的東西並不少，與父母親、鄰近社會與地區社

會等，建立於「生活」基礎上的集團，近年來一起參加活動的機會急遽地減少了。

學校或補習班是「過渡」場所，不是在回家以後還能參加的集團。不只是小孩，甚至連父母親都覺得生存的大本營缺乏了可以倚賴的特性。當孩子發生問題時，能夠輕聲細語地商量的鄰居已經很少了。最近，甚至還發生了孩童自殺的事件，像圍繞在親子周圍的社會孤立感，應是最大的因素。人生經驗豐富，而瀕臨死亡邊緣的老人；一些正值工作精力充沛，在社會上具有發言能力的中年人；以後帶有幼子的年輕人、找尋結婚對象的年輕人；或是一些年長、喜歡欺負其他孩子；還有必須受到保護，正蹣跚學步的幼兒。在地區、社會中，有各年齡層與不同職業的人生活在其間。如果在複雜交錯的人際關係中，有向下紮根的生活經驗，相信就不會孕育出會感受到社會孤立感，而輕易選擇死亡的孩子了。

聽一些在人生道路上的前輩所說的話，發現到與地區社會的聯繫具有重要的作用，最具代表性的就是參加這土地的慶典。在節慶時，年輕人扛著大轎子，孩童們扛著小轎子。衣裳、化妝、吆喝的聲音等等，連細部必須依照傳統的模式，絕對不能任意地打破。從嚴格的模式中，感受到連綿不絕的人類社會的生活傳統，男女老幼一起跳舞、唱歌、吃吃喝喝，都會覺得非常興奮。汗流浹背、肌膚互相碰觸的人，會產生一種連帶感。

外交評論家三好修先生曾在『幼兒開發』雜誌上，回憶節慶的種種，說：「在這兒，還鮮活地殘存著農村共同體的傳統，孩子們參加共同體生活的高潮，也就是節慶，應該是不可或缺的參加者。他們總會成為青年，總是會扛著大轎子，期待成為真正的共同體的成員，擁有與鄉村生活調和，與大自然融合在一起的共同體生活。這是多麼偉大，多麼豐饒的世界啊！」正如三好修先生所說的，要儘可能讓孩子們參加地區社會的慶典，一窺「豐饒世界」的端倪。

如果參加慶典時，只是像旅行者一般地走馬看花，那麼就無法讓孩子接觸到在此流竄的「生活」原點。

12 培養「自己煮飯吃」的孩子，就能培養出能面對人生，勇於開拓的孩子

現在一般家庭，都是用瓦斯爐或電子鍋來煮飯。操作方法十分簡單，因此也可以見到在升上小學高年級後，自己煮飯的孩子。只是現在的父母親已經不要求孩子煮飯了。

但是，吃飯、收拾、睡覺都是生活基本習慣的一環，因此從孩子還小的時候，就教導孩子煮飯，是絕不會浪費的。

到了小學的中學年時，可以讓孩子獨自看家。到了傍晚時分，還不見父母親回來，就淘米、煮飯，操作電子鍋，這也是好的方法。

飯可以自己煮——在這現實層面以外，還隱含著小孩教育的象徵意義。那就是飯是生命的起源，也是所有活動的起源。一個人煮飯，不必假借他人之手，而是確保向新的體驗挑戰的出發點。這似乎是很單純的聯想，但是我相信孩童們的意識會朝這方面去發展。

例如：參加團體露營或遠足時，當孩子一起和朋友煮飯、炒菜時，他們的眼中都會閃耀著光輝，充滿著喜悅的生命感。與其說煮飯的經驗讓他們覺得新奇，還不如說要吃自己煮的飯，刺激了他們的獨立傾向。「自炊」與「自立」、「自活」是互通的。

一家人一起去露營時，可以讓孩子煮飯。或是在假日時，和孩子商量，把假日作為「母親的休息日」，讓孩子由飯菜的準備乃至飯後的收拾都負起責任，下工夫給予孩子自炊的機會。如此一來，孩子就能使用自己的手、頭和身體，培養出自信與對生活的智慧來。

如果是獨自在外過活的年輕人，看到宿舍的老婆婆或到餐廳喝酒時，看到老板娘，會浮現起母親的映象——像這樣的情景經常會出現，這種傾向以年輕人特別強。然而，自小就很自立、獨立的歐美人士，幾乎都看不到這種情況。到了青年期，一些感嘆離開父母親身邊，就無法生存的青年，大多是在孩提時代無法把基本的生活習慣養成自己動手做的人。

13 儘可能帶孩童參加親戚的葬禮

孩童對於死亡大多沒有正確的觀念，我朋友的女兒說：「死了就是住在墳墓裡。」這想法令人感到非常驚訝。許多孩童都認為死就像是人生的延長一樣，因此對於父母親之死通常不會產生任何意識，永遠都被寵愛著。

芥川賞作家山本道子經常把「死」當作茶餘飯後的談話。要到外國去旅行時，對二個孩子說：「如果飛機掉下來，媽媽死了的話，你們要互助友愛地生活下去。」透過親子之間的談話，讓孩子知道父母親之死的形態，就是必須要與子女分別的意思。

山本的母親在她二十六歲時就逝世了。在這以前，她從未想過父母親的死是怎麽回事，一直都過著快樂的生活。因此，母親之死對她而言，是一大打擊，所以她不想讓自己的子女有此想法。

要儘早讓孩童面對死亡的事實，這是斷絕孩童撒嬌心態的有效方法之一。參加近親好友的葬禮時，也要帶孩子一同前往。這些日子以來，一直疼愛孩子的爺爺、奶奶長辭於世，要讓孩童們清楚地看到死者長眠的樣子。讓他們知道死並不是一件抽象的事，而是在眼前可以具體看到的事情，藉此可以讓他們了解到，當父母親死去以後，他們也必須要獨自過活。儘可能讓他們早點有能度過苦難的心理準備。

猶太人在孩子問他們：「人死了以後，到哪裡去呢？」他們會說：「死了以後，就是一切都結束了。」猶太教不相信來世，只重視目前的生活，因此暗地裡也希望孩子知道這一點，讓孩子自覺到生命只有一次。

讓孩子們參加葬禮，親眼目睹死者的人生軌跡，傳達生命的尊嚴，這也是很好的手段。

芥川賞作家兼衆議院議員的石原慎太郎先生曾說，他記得很清楚，在他小時候，父親曾帶他去參加過葬禮。那是父親服務的公司汽船觸礁時，打算去幫助同事而溺死的二等船員的葬禮。

石原先生看到了白蠟化的屍體，並聽父親說有關於死者的正義行為。到了後年，父親逝世時，石原想到了那位船員之死，認為「父親與自己的關係絕對不是就這樣結束了，而是以完全不同的形態一直持續下去，我強烈地產生這種自覺」。

對孩童而言，在面對死者時，恍惚中也能讓他們回到「人類是甚麼」的出發點。

藉此就能使活著時的忍耐力與責任感萌芽。在過度保護下，備受寵愛而長大的孩童，很可能會因為一些小事就自殺。以現代目前的狀況來考量，把握機會來教導孩子死亡的意義，這是有必要的。

14 和孩子們玩遊戲時，不要退讓，而要徹底獲勝

有一些小孩在下棋、玩撲克牌或比腕力等遊戲時，輸了就會放聲大哭或耍賴。這一類小孩在獲勝時，則會表現出興高采烈的樣子，因此大人在和他們玩遊戲時，會故意敗陣或佯裝不敵。大人都會認為，反正這只是遊戲而已，就讓孩子開心吧！

但是，對大人而言，遊戲只不過是人生的一部份。對孩童而言，遊戲在人生中卻佔有很大的位置。從遊戲中所獲得的，在孩子的人性與人格的培養上，卻會造成很大的影響。

例如：大人基於同情的心理，讓孩子在遊戲中獲勝，有的孩子會認為真是自己獲勝了，但是也會隱隱地感覺到是對方故意退讓的。

因此，每次和大人比賽時，總是會期待對方故意失敗，好讓自己「獲勝」，並認為大人失敗是理所當然的事。

換言之，對周圍的大人產生了一種撒嬌心態，只要是面對著大人，無論是誰，都會抱著一種期待之心，而形成了一種為了自己，不惜犧牲周圍人們的自我中心性格，在無形中，就養成了對他人欠缺體貼之心的性格。

透過遊戲的勝負，對周圍的大人產生一種撒嬌的心態。將來，當這孩子面對危機時，就無法成為有勇氣站起來，具有向危機挑戰的氣魄的人。那是因為會真正地明顯產生實力差的遊戲，孩童也能夠區別出這是能允許軟弱的自己進入的IN GROUP（朋友集團），或是並非如此的OUT GROUP所致。

換言之，在社會嚴厲的風暴中，不能夠忘卻在遊戲中能得到的「家庭」的感覺，因此想要逃入其中。喜歡撒嬌，將世界分為IN GROUP與OUT GROUP的人，不只是在家庭，經常都會有若缺乏「能夠逃脫的場所」，就無法生存的恐懼。

如果不希望孩子成為這樣的人，父母親在陪孩子玩遊戲時，就必須捨棄這只不過是個遊戲的想法。與實力無關的偶然性較強的遊戲，或是圍棋、象棋等與實力有關的遊戲，在進行這些遊戲時，大人都一定要認真地進行，絕對不能夠讓步，必須要認真地分出勝負。如果孩子確實是較弱，父母親也要徹底地獲勝，讓他們瞧瞧。

我的一位朋友一邊教孩子學習一百首和歌，一邊和他打賭一百元，也就是他唸一百首和歌紙牌中的下句，親子互相比賽，看誰能較快說中上句。如果他獲勝，就讀小學的孩子就要給他一百元。

我的朋友說，剛開始時，孩子看到零錢逐漸地減少，傷心得快哭出來了。但是，卻開始認真地背一百首和歌，最近他的錢也有被孩子拿走的時候。父母親想要教導孩子，世間的嚴苛不只是在於被拿走一百元而已，這方法雖然很粗俗，但是卻正中目標。

即使在如家人般如此親近的集團，也必須要建立如此嚴格的關係。藉此教導孩童，以後在面對更為嚴苛的試煉時，不會從中逃脫，而擁有再度站起來的力量與能力。

15 利用入園、入學的「節目」作為教育機會

孩子就好像竹筍一樣，一片一片地脫去外衣，成長成幼竹。慢慢地捨棄父母親保護的外殼，成長為獨立的人。在教育中，最重要的是脫殼的方法。一旦錯過機會，殼就會變硬，不容易打破。

機會就是幼稚園入學與小學入學的時候。但是，有很多父母親卻錯過了這機會，使小孩在成為社會新鮮人以後，也成為無法脫去幼兒外殼的人類。在進入幼稚園或小學以後，以往的生活型態都會改變。不再是早上悠閑地躺在床上，看著電視，而且一到晚上就要早點就寢，否則第二天就無法早起。不論喜歡或不喜歡，生活已經成為固定的型態。只要好好利用這種型態，就能創造孩童能面對以後不曾經歷過的事，而勇於挑戰的心態。

如果父母親不能把握機會，就無法培養孩子達到精神的成長。

對孩子本身而言，這些節目也可以視為是「創造不同自我」的機會，應該能使他們產生向新事物挑戰的慾望。

例如：進入小學以後，不要再養成像幼稚園時期，讓父母親接送的習慣；而要讓孩子獨自上學去。掌握這機會，教導他過馬路的技巧，學會交通道德。此外，配合幼稚園的入學時期，決定好孩子整理玩具的場所，對他說：「你已經是哥哥了，自己的東西要好好地收拾好哦！」教導他管理周圍事物的方法。換衣服、刷牙、飲食的禮儀、洗手的習慣等等，一個人生存的基本型態，利用這些節目，能使他順暢地吸收。

昔日的日本有所謂的七五三，經常在孩子的成長節目中使用。也就是三歲、五歲、七歲的孩童在神社、祭禮時，給予重要的任務。例如：三歲和五歲的孩童包著白色頭巾，衣服上綁著白色帶子，臉上塗著白粉，騎在「神幸之馬」上。當然，孩童會覺得這是很特別的感覺，就好像是超人一樣，本來不能夠做到的事也能夠做到了。

這是利用地區社會活動進行教育的機會。

現在，取而代之的是讓孩子們也能參加社會的活動，讓他們進入幼稚園，進入學校就讀。離開家庭，與外面的世界接觸，不只是在外面的行動，也能夠使孩子的心理逐漸成長茁壯。

當然，必須要有父母親從旁協助。但是，近來的父母親似乎缺乏了分辨事物的能力，連大學入學考試也要插手管一管，否則就很不放心似地。

父母親的激勵能使孩子獨立 5

和孩子談論他小時候的事情，能提早「斷奶期」的來臨。

父母親在孩子入園、入學時的過度保護的表現，就呈現出現代時代的問題了。

打算不斷伸展的孩子的心，必須與期待他伸展的雙親的心一致，而能夠相互確認這節目的，就是入園式或入學式了。

教育的機會在此產生，要將之視為心理的儀式，親子之間都要有迎接這一刻到來的心理準備。這是很重要的。

16 儘早不以暱稱稱呼小孩，讓他早點自立

人際關係的一種象徵，就是在稱呼自己與他人時的「稱呼」。像別人或大人，表示「你」的代名詞有二種型態，依照稱呼者與被稱呼者之間人際關係的親密度來分別使用。還不熟悉的異性朋友在進展成為戀人以後，稱呼就會改變，由彼此對對方的稱呼，就可以知道二人的親密度了。

孩童配合成長的程度，也要歷經人際關係的階段。不論是稱呼自己與他人的方式，都要配合成長的狀況而產生變化。父母親也必須配合孩子的成長，改變對孩子的稱呼。

在孩子正值幼兒時代時，可以稱呼其小名或暱稱。漸漸地在孩子長大以後，就要叫他的名字。小名只有在孩子還很小的時候，才能夠使用。也許，你會認為這只不過是語彙的變化而已，殊不知對於孩童的「稱呼」方式，和孩子的精神成長具有密切的關係。

在孩子入學以後，還以乳名稱呼孩子，可能會影響孩童的精神成長。

換言之，如果停止錯誤的稱呼方式，並教導孩子以正確的稱呼來稱自己，由言語上就能確定孩童的精神自立。

孩子在剛開始時，會由模仿大人的行動中學習自己的行動。如果大人稱呼孩子的小名，那麼孩童也會稱呼自己的小名了。

但是，通常隨著了解大人眼中所看到的自己，與自己看到自己眼中所存在的不同，很自然地就會改掉以小名稱呼自己的習慣，而喜歡用真正的名字。但是，如果孩子無法從父母親身邊自立，而只是以父母親的眼光來看自己，仍然會以父母親用小名稱呼自己的方式來稱呼自我。因此，如果能摒棄以小名稱呼自己的習慣，而用真正的名字稱呼自己，就能夠從父母親的錯誤稱呼中逃脫，而使自我萌芽。

總之，為人父母者要儘早摒除以小名稱呼孩子的習慣，才有助於培養孩童的獨立心。

17 透過與自己的過去和年齡較小的孩子相比，就能促進斷奶期儘早來臨

孩童無法獨立的原因，就是因為對自己的成長不具有自信。孩童經常以周圍的大人和自己相比，就會認為自己非常「渺小」，而產生自卑感。要克服這種「自卑感」，就必須意識到自己成長的姿態，這是促進斷奶的一種方法。

某位作家無法寫稿，而陷入極度萎靡不振的狀況中時，重新閱讀自己過去所寫的日記，與過去的自己相比，就知道自己已經成長了，藉此而掌握恢復自信的關鍵。日記中所看到的以前的自己，讓他發現似乎並未成熟，有時候，會做一些莫名其妙的事情，因此使他對於自己的成長度產生了自信，成為脫離萎靡不振的引爆劑。這獨特的萎靡不振脫離法，使我印象深刻。

這方法也可以應用在孩子的身上。即使不是勉強他寫日記，也能夠想出數個讓他與過去的自己面對面的方法。例如：家中的相簿，一般的家庭都會以相片來記錄孩子的成長，而這

些記錄下來的資料或拍成照片的相簿，應該是家中垂手可得之物。在孩子喪失自信的時候，讓他看相簿，能夠產生與閱讀日記相同的效果。

相簿中應該會有孩子在嬰兒時代的相片，如果他現在是個小學生，他在看了相片以後，就會認識到自己逐漸成長的姿態。這經常會成為恢復自信的關鍵。

另一方法就是讓他和年紀較小的小孩一起玩，這做法也能產生相同的效果。年紀較小的孩子就好像曾經度過這時代的自己一樣，看到他們，就好像看到過去的自己。

照顧較小的孩子，是培養獨立心的好經驗，這在前文中已經敍述過了。這時，不必照顧他們，僅僅是看他們的行動，也是成為孩子恢復自信的關鍵。看到幼小的孩子們天真的言語行動，能夠感受到現在的自己已經成長了。

長大成人以後，回到闊別已久的成長的土地，往往會察覺到與腦海中所描繪的印象完全不同。在這其中，經常會經驗到的是以往在遊玩時，覺得非常廣大的神社境內，家門前的路或河，現在看起來已經有點小而骯髒了。

相信很多人都曾有過這樣的經驗，由此可知，對當事人而言，成長並不是經常都能夠意識到的事情。在連續流逝的時間中，雖然我們日夜成長，但是卻忘卻了年齡的增長。對孩童而言，也是相同的情形，為了促使精神上的斷奶期早日出現，淸楚地顯示其成長度，有時也是必要的。

18 從小時候起，就要對孩子的未來有所預告

有一個人為了培養孩子成為具有判斷事物的能力，擁有自己的思想的獨立個體，而製訂了「我家的憲法」。這個人就是小熊社社長佐藤英和先生，這位先生在『教育自我的力量』座談會中曾說：「不必勉力於去建造較大的家園，而一直位在2DK的公寓住宅社區。男孩到了高中以後，就要住在外面，早已決定了這方針。」實際上，當他的長男進入高中就讀以後，同時也租了一個房子過著獨立的生活。次男也是如此，兄弟倆開始過著共同的生活。

佐藤先生說：「因此，必須在家庭教育中事先做好這一類教育和準備，度過小學至中學的時代。」準備的內容在基本上，就是精神的自立。

昔日，會為小孩舉行「克服」儀式。武士之子到達一定的年齡時，要剃掉以前所留的長髮，讓他自覺到自己已經長大成人的儀式。

孩子長大，升上高中以後，就讓他在外租房子住，過著獨立的生活，這也是為了讓他了解，他到了這年齡時，就已經長大成人的事實。

佐藤先生在孩子還是個小學生的時候，就宣佈孩子「在幾歲的時候，應該到外面租房子住」，而孩子為了應付這宣言，就必須有所「準備」，從小學和中學開始，就要做到。事先決定好「到了幾歲時，自己一個人要做些甚麼」，自覺到獨立心，明確地與以往劃分出不同的階段，我把這效果稱為「元服效果」。

教育的方針就是事先訂立目標，然後再詳細決定接近目標的步驟，接著再來預告孩子們接下來要做些甚麼。如果能夠清楚地製造出切斷孩童「嬌寵」的節目，為人父母者就會很容易教養子女了。

例如：孩子在成為小學的新生以後，學校離家裡較遠，因此父母親會不放心讓小孩獨自上學。第一個星期時，父母親可以把孩子送到校門口；第二個星期則送到車站為止；到了第三個星期，就讓孩子獨自去上學。父母親可以預定這樣的步驟，讓孩子區別。

如此一來，孩子在到達預告的時間，就可以做好心理準備，而順暢地移到下一個階段去。

利用這方法來改變生活，即使步驟的變化迅速，也不容易失敗。一個人在去購物或旅行時，只要是有父母親的陪伴，都能夠輕易做到。但是，如果父母親告訴孩子，下一次一定要讓他獨自去，他在和父母親一同前往時，也會留意道路的順序，了解到處理金錢的方法，仔細謹慎地學習一件事物。

第三章

誘導

——使用糖與鞭子教育孩子長大成人的方法

1 教育的檢查為每隔三天進行一次比每天做來得好

不論父母親的教育方針如何，無庸置疑地就是要使孩子能進行日常生活的必要生活規則，此為其基本。所有的教養都是始於從早上開始一定要做的事情，或是從幼稚園、學校，還有從外面回來時，一定要做的事情。甚至在晚上睡覺前的規則，也一定要好好地遵守。其中的基本規則之一，不只是日常生活中的必要滿足，而是要讓孩子自主地管理自我，能從父母親身邊自立出來。因此，被視為單純地遵守生活規則的做法，在教養過程中卻是很重要的。

可是，事情愈是單純，就會像別人所說的「三分鐘熱度」一樣，愈是會無法長久持續下去。剛開始時，親子會意氣風發地做的日課，在不知不覺中就忘記了，時日一久就會怠懶，而不願去做。以必須具有持續性與一貫性的教育意義來看，給予孩童的日課如何能使孩子長久持續下去，是教育心理作戰的重點之一。

那麼，為甚麼無法長時間持續下去呢？很多人的回答就是孩子的性格就只有三分鐘熱度而已，但是我卻認為三分鐘熱度的小孩是父母親對應的錯誤所造成的。大部份的父母親在剛開始時，會嘮嘮叨叨地提醒孩子注意。過了幾天以後，卻甚麼也不說了。等過了幾天，想到了又開始進行教養，一直重複做這樣的事情，因此不培養出三分鐘熱度的孩子，我也會覺得很奇怪。

不只是孩子，任何人對於所給予的課題，在剛開始時，即使別人不吩咐，也會認真去做。但是，隨著時間的消失，緊張感變淡以後，對於所給予的課題就會產生苟且的心態。以工廠的作業為例，據說以星期一、星期五相比，星期三和星期四大多會出現不良品。這也就是對於工作的緊張感逐漸淡薄所造成的。在歐洲等地，甚至還流傳著星期三、星期四所製造的車子較容易發生故障，所以最好不要購買的說法。

就這一點來探討，如果要教育孩子，不要每一天嘮嘮叨叨地提醒孩子注意，最好是在孩子的緊張感逐漸消失的第三天，才檢查他是否遵守給予的課題，會較具有效果。要改正小孩三分鐘熱度的習慣，最好是在他的三分鐘熱度即將完全消失時，再提醒他較好。這麼一來，就可以使緊張感持續下去。這期間漸漸拉長，即使不去叮嚀孩子，他也可以在無意識中進行，這樣就能成為真正的教養了。

有一家對於新加入職員的教育做得很好的公司，在教導職員公司內外應遵守的規則以後，一切都委任於職員的自主性，每隔三個月或半年才來檢查該職員是否遵守。相對地，公司職員教育太差的公司，在最初的三個月期間，也就是研修期間，會進行嚴格的教導。這期間結束以後，就放任不管了。

每天毫無喘息機會的監視體制，是導致三分鐘熱度親子形成的最大原因，這絕對不是高明的教育方法。

那是因為子女只要善於應付父母親，在父母親的監視下才做一做，一旦父母親不監視，而把注意力轉移他處時，孩子就不再做日課了。結果，自然就會形成只要父母親不說，就不去遵守的「嬌縱的構造」。

2 提醒孩子的朋友注意，是教導自己子女的好時機

直接提醒孩子注意，或是叱責孩子，有時候反而會遭到孩子的反抗，結果大多無法展現教育的效果。這時，可以利用孩子的朋友，就可以使叱責的效果倍增了。

當孩子的朋友到家裡來玩。做一些「壞事」或行為不端時，大多數的父母親會認為這是

別人的孩子，因此不願叱責，大多會放任不管。但是，在這時候，雖然是他人的孩子，也不能夠放任不管，而要把孩子的朋友當成自己的孩子一樣，加以叱責。當然，這也是為了自己的孩子好，更重要的則是為了自己的孩子。

這是因為對孩童而言，看到別人被叱責，比自己直接受到叱責，會產生更強烈的心理影響。

只要考慮一般人的心理，就可以了解這一點了。例如：經常在公司進行的新進職員的教育，就採取這樣的手段。想要叱責全體新進職員時，上司與其提醒全體人士的注意，還不如找出特定的一人，作為「指責的對象」，而徹底地責罵這個人。於是，對於這個人的叱責，就會直接進入人心了。

換言之，與其讓一個人直接受到刺激，還不如讓他感受到第三者所受到的刺激。如此反而更能夠產生一種強烈的刺激。在心理學上，這種現象稱為「沈默的強化」，其效果經由實驗確實證明。

例如：叱責班上一半的孩子時，另一半的孩子就會覺得「沒有受到叱責，真是太好了」，另一方面又會產生「受到稱讚」的感覺。至少，大多數的孩子都會在暗地裡發誓，希望不要受到叱責。換言之，教師不直接給予叱責，卻能產生比叱責更好的效果。「沈默的強化」並不只限於「負面強化」也具有相同存在的效果。

總之，透過「沈默的強化」，其間接的刺激比直接的刺激效果會更好。應用在自立的心理作戰方面，如前文所述，不要顧慮到是別人的孩子而不敢叱責，一樣予以叱責這才是很好的方法。

常有人說，與歐美人的父母親相比，我國的父母親較不懂得叱責他人的孩子。當然，這與個人主義發展度的不同有很深的關係，然而其中的一個理由是因為一般父母親認為，即使叱責別人的孩子，自己也不會得到任何「好處」，這種單純的計算在父母親心中作祟。

但是，我要重複地說，對於就在附近的第三者的叱責，比起對本人直接的叱責而言，更具有效果。看到朋友被責罵的樣子，比自己受到責備而言，更能令孩子產生警惕之心。

換言之，當孩子的朋友做了「壞事」時，可以將之視為教育自己孩子千載難逢的機會到來了。

3 小的過錯當場叱責，大的過錯事後再質問

一般而言，大多數人會認為在孩子犯小過失時，可以放任不管，在犯大過時，一定要嚴格叱責，但是我的想法卻完全相反。

在我就讀中學時，曾發生這樣的一件事。有一次，我拿回了考試的答案卷。我記得那是數學考試，分數出乎意料之外的低，令我感到非常驚訝。考試時，只有一個問題令我不知從何著手，由於如此，我知道自己的分數當然會減少一些，但是我想大致還算完美。等到看到答案卷時，在計算題方面，發現了許多因粗心大意所犯的過錯，因此少了很多分。

負責的老師把答案卷給我以後，立刻這麼說道：「看到您的答案，我發現還是有許多粗心大意所造成的錯誤。到中途為止，各個式子的計算都對，但是最後卻填錯，或是正負號寫錯，大多是非常愚蠢的錯誤。現在，立刻檢查一遍，如果不當場檢查這些錯誤，以後就會成為一種習慣。一旦粗心大意成爲一種習慣，就非常可怕了。」

根據這位老師的看法，粗心大意是在不知不覺中所犯的過錯，而且會很容易被忽視。

調查單純作業錯誤的心理學者馬克法森有此一研究：每隔〇・七秒按下按鍵的正確或錯誤，一邊讓對方知道，一邊進行時，比起在不知情的狀況下進行時，前者的正確度會較高。換言之，在不知不覺中所犯的錯誤，能夠透過及時改正，而產生「即時確認」的效果。

但是，一些較大的過錯自己覺得「可能做錯了」或「完全不了解」時，相信也會察覺到這一點。因此，會花時間去考慮對策，因為即使想要立刻解決，也是毫無意義的。

在教育方面，也是相同的情形。孩童的判斷力與大人相比，當然是較不成熟，而且行動大多會犯過失。但是，對於決定是好事或壞事的區別，卻大致具有判斷的能力。因此，假設在犯了大過錯時，在孩童的意識深處，雖然不知道原因為何，但是卻知道自己做了壞事，具有這種自覺性。

但是，不只是孩童，一般人在自己所知道的錯誤被他人指出時，會產生一種反叛心。一旦產生反叛心以後，要重新敞開心胸接受指責，恐怕就不太容易了。當對就讀高中的孩子說：「要用功一點哦！」他一定會說：「知道了！不要再嚕嚕囌囌了。」雖然孩子這麼說，但是他卻不見得會努力用功，而大多是知道只要這麼說，就可以溜出去玩了。

對於年紀較小的孩子而言，也是相同的情形。一旦本身自覺到的事被父母親數落個不停時，剛萌芽的自省心理又會縮了回去。反而會表現出反抗的心態，如此一來，特地提醒他們的注意，根本是無補於事的。小孩犯了重大的失敗——換言之，對孩童的成長而言，具有重大意義的事項——犯過錯時，絕對不要當場憤怒的指責。與其如此，還不如留給自己的孩子慢慢思考的時間，而在另覓機會詢問他，如：「你覺得怎麼樣？」或：「當時，你真是很糟糕啊！」給予孩子反省的時間，就能夠讓他從各個角度去檢討自己所犯的大過錯，一定能夠成為今後一大糧食。

但是，一些小過失則以「即時確認」為原則，父母親在察覺到時，就要當場立刻指責。當然，些許的小過錯在孩童所犯的過失中，佔壓倒性多數，而且很快就忘記了。此外，孩童根本沒有注意到自己犯錯，但是小錯誤重複出現，就會導致大錯的出現。為了免於在事後難以收拾，因此小錯誤一定要在當場指責。

4 稱讚的話語由他人口中說出，能使效果倍增

最近，不斷宣傳叱責的弊端，認為應多加讚美孩子的教育風潮日盛。的確，要引起孩子

的「衝動」，稱讚也是具有效果的手段之一。

但是，以教育立場而言，也是會產生各種問題。其中之一就是稱讚過度的弊端。一旦習慣於讚美以後，就無法產生效果。比起叱責而言，稱讚更會產生這種顯著的現象。有時候，若無其事地稱讚孩子，更能燃起孩子的衝勁。如果給予孩子過度的稱讚，他在父母親面前很可能會成為受稱讚的「好孩子」，但是在暗地裡卻不及父母親所讚賞的，一旦成為背對陽光的孩子，就會形成問題了。

因此，必須要想出一個如何能不妨礙教育效果的稱讚方法。我認為稱讚的言語不要直接由父母親口中說出，而由站在第三者立場的他人口中說出，這才是好方法。

例如：讓孩子到附近的店去買東西時，與其在孩子回來以後，當面稱讚他：「你真聰明哪！」還不如事先拜託店裡的人對孩子說：「你的媽媽很稱讚你哦！」或是可以採取相反的說法，父母親在想要稱讚子女時，可以對孩子說：「老師說你的表現很好哦。」站在傳達情報的立場，也能夠產生很好的效果。

對於並非當事者，而是第三者的話語，能夠成立一個沒有感情交雜其間的管道，對於聽的人而言，能夠更增其真實性。連孩童也知道，當面說的話很可能是一些阿諛奉承的話，或是配合對方心理而說的話。第三者所說的話，卻予人一種客觀的印象。最重要的是，只要傳達讚的「事實」就可以了。

在此，有一實驗研究第三者的言語說服力到底有多大。這是心理學家加尼斯與塔威里加對於三十位禁煙實驗者進行的禁煙實驗。

將被實驗者分為二組，一組是採用會受到肺癌威脅的痛苦來說服的方式，另一組則是以某位醫學權威的實驗報告，以客觀的方式傳達禁煙之害。換言之，一組是以當事者的言語來說服，另一組則是以第三者的言語來說服。

結果，前者約三五％的人，後者約七〇％的人開始禁煙了。換言之，比起當事者熱情的說服而言，引用第三者的話會更具有說服力。

仔細想想，這一類想法也經常使用於商品的宣傳上。與其建議顧客購買商品，還不如借用名人所說的話語，例如，當我們聽到某某先生所說的話時，大多會湧現購買的慾望。因為我們會認為第三者的情報是客觀而具有真實性的。

但是，第三者必須是比自己程度更高的人，否則就無法產生效果，所以要假借第三者之口稱讚子女時，如果說是「弟弟稱讚你」，那就沒有任何意義了。

5 即使是說相同叱責的話語，台詞也要改變

詢問母親是否有煩惱時，母親會說：「我的孩子總是嫌我嘮嘮叨叨地。」我在聽到這樣的話時，覺得問題可能是出於「嘮嘮叨叨」的說法上。

這是因為同一位母親每天都以相同的話語叱責孩子，這麼一來，當然無法產生叱責的效果。

現代的年輕人在面對父母親時，最常使用的三大用語是「吃飯」、「要錢」、「嚕嘛」。那麼，現代母親的「教育三大用語」又是甚麼呢？我想，應該是「用功」、「快睡」、「關電視」。

大多數的母親想必在一天內會說這些話上千遍吧！一旦開口，就說相同的話。但是，重複說這些叱責的話，對小孩的心靈而言，並沒有任何意義。

這是因為持續給予相同的刺激，在心理上會產生一種「習慣」，刺激也不再是刺激了，也就是引起了「心理的慢性化」。

由這一層面來看，我想起了在火車月台或車上所播放的播音員的聲音。在火車的月台上，播音員的聲音充斥於火車上，如「不要站在白線內」或「不要忘了將傘隨身帶走——」，每一次都是同樣的語氣，同樣的台詞。也許是因為這緣故，聽的人在心理上已經產生了「習慣」，因此喪失了提醒注意的效果了。

每當我聽到這些播音員的聲音時，不禁心生疑問，為甚麼每次都要使用相同的台詞呢？如果每天都更換不同的說法，不就能引起乘客的注意了嗎？

例如：「不要忘了將傘隨身帶走」可以改成「先前，和東京車站取得聯絡，得知已經有人忘了一百枝傘了，希望各位……」。如果換個說法，相信乘客一定會豎耳傾聽的。

由此可知，一旦刺激過於單調以後，就不再具有任何效果了。

教育孩子方面，也要注意每一次在叱責孩子時，要採取不同的說法，每一次都要改變說法，多下點工夫較好。

例如：「快睡」的說法可以改成「現在幾點了」、「明天早上幾點鐘要起來呢」或「哥哥已經睡覺囉」等等，僅僅是這麼做，「教育」的效果就大不相同。

6 叱責時，要用比平常會話更低的音量，較具效果

經常可以看到母親在面對放聲大哭的孩子時，以不亞於孩子聲淚的聲音來叱責孩子。這時，我就會想起一項研究。

那是美國的肯尼揚大學語言研究班和美國海軍一起，為了在心理學上證明聖經中所說的「平靜地回答，能夠趕走憤怒」這句話的真實性，而做的研究。這研究的目的主要是在發出指令時，調查最適合的聲調高度，因此使用電話與船中的傳聲管，用各種聲音的高度由發話者對接收者提出問題。結果發現發話的聲音高時，回答的聲音也高，發話的聲音低時，則回答的聲音也低。

這研究在我其他的著作中，也曾為各位介紹過。以教育層面來看，實際上是頗耐人尋味的研究。換言之，母親在面對大聲哭泣的孩子時，如果以歇斯底里的高亢聲音來叱責孩子，孩子的聲音也會愈高，而無法放低。促使孩子的聲音高亢，是母親的高聲所造成的。實際上，這種母子之間言語的爭執無止境地持續著，不斷地昇華至其中的一方疲倦為止，相信任何

人都會目擊過這一類的情況。

由此而導出的結論就是，叱責的言語一定要用比會話更低的調子來說出，不只是叱責，打算向對方訴說甚麼的時候，到底以何種方式說話較具有效果，進行這方面研究的耶魯大學的心理學者賀布朗德的研究發現，學生對於社會的理解度比起熱辯型、演說型的說話方式而言，平靜的說話方式會使他們的理解方式較高。尤其是在教育的場面，聲音絕對不能粗魯，要使用低沈的聲音，就以下四點來看，也具有重要的意義。

第一、較低的聲音與感情能量噴出的高聲量形成對比，感覺較具有「理性」。反過來說，使用較低的聲音能夠讓對方覺得自己具有理性，同時自己也能夠變得有理性。從在那兒哭叫的孩子的感情台上下來，冷靜地觀察對方，然後再將受到感情支配的對方送到理性台上去。

第二、低沈的聲音能夠強調這只是對方和自己之間的談話，不是對他人，而是向對方所說的話。就以演說的聲音來說，較大的聲音是「公衆的聲音」，但是較小的聲音卻是「私人的聲音」，也就是「具有差距的談話」的人際關係。這就像竊竊私語的聲音與低聲說話的聲音能引起聽者的興趣一樣，低沈的聲音帶有重要的話語不想讓其他人聽到的意義，也能夠影響孩童的心靈。

第三、用與平常完全不同的口吻說話，會讓對方覺得這是重大的決定。如果不用心聽，那就糟糕了，藉此可以喚起對方的注意。

第四、以物理觀點而言，低沈的聲音若不豎耳傾聽，就無法聽得到。即使在剛開始時不想聽談話的內容，但是由於聽覺傾向於傾聽，因此接受談話內容的情況並不少。

綜合以上各點，低沈的聲音、平靜的說話態度誘使對方傾聽。至少，能防止聲音高亢時，造成情緒的激動，能夠將孩子引入自己的台上，隨自己處置。

只要讓孩子的興奮度冷卻下來，保持冷靜，要進行說服就容易多了。如果聲音過大、太高，在教育與說服的本質上，將無法產生效果。確知這一點以後，就可以知道有如歇斯底里的叫喊與叱責百害而無一利，希望各位能確認這一點。

7 應該叱責的時候保持沈默，能發揮超乎叱責之效

職業棒球或橄欖球、足球等，以團隊比賽一較高下的運動，為了產生新的優秀隊伍，該隊的教練、領隊等的用兵術、球員管理法都成為話題。一些優秀隊伍的教練當選手犯錯時，

有的是毫不留餘地的指責，有的則保持沈默，這二種手段都各具有效果。

直接指出選手的錯誤，當然能促使該員發憤圖強，具有效果。但是，另一方面也可能因為這指責而使其意志消沈。

此外，人類對於自己預測到的事，按照自己的預測而發生以後，以往的行動型態就會完全不改變，而產生相同的錯誤一再地出現的微妙心理現象。例如：上班時經常會遲到的人就是很好的例子。每當他遲到時，就會引起上司的注意，而這已是他預期到會發生的事。因此，當上司叱責他時，他會仔細地聆聽，但是等到叱責的風暴吹過以後，他就會認為自己所該受到的懲罰已經煙消雲散了，於是又能放心地再遲到了。

如果是教練，根本不疾言厲色地指責選手，而只是沈默地看著他，情況又會如何呢？犯錯而沒有受到指責的選手，原本認為自己一定會受到嚴厲的叱責，如果預料中的事發生了，選手當然就會放下心中的一塊大石頭。但是，出乎意料之外地沒有受到指責，因此他的緊張感會無法消失，各種想法會浮現在腦海中。

心中百般地猜疑著：「難道教練已經忽視了我的存在嗎？」或是：「當時我犯下的那個錯誤，究竟教練有何看法呢？」乃至：「那個錯誤真的是無可避免的嗎？」由於疑心生暗鬼，就會不斷地內省，深入思考對方的心情和自己的缺點。如果教練所採用的方法發揮了效果，就會成功地誘導選手產生自發的內省。

實際上，在孩子的教育方面，像教練一樣的沈默往往能發揮很大的效果。孩子在到達一定的年齡以後，具有判斷是非的能力，一旦自己做了壞事，就會料到自己一定會受到父母親的指責。而且，心裡也會浮現父母親指責他時的姿態。

這時，孩子在預期中受到指責，緊張感會立即消失，認為自己已經受到了懲罰，於是會把自己所犯的過錯馬上拋到九霄雲外去。

但是，如果與想像中的情況完全不同，父母親並沒有指責他，只是沈默地看著他，孩子因為不知道父母親在想些甚麼，就會不斷地思索，很自然地就會反省自己所犯的過錯了。如果受到父母親的叱責，心情會立刻鬆懈下來，就會從問題中解放出來。但是，如果父母親保持沈默，就會形成一種非常嚴苛的緊張關係，就必須要持續地內省了。以這意義而言，沈默會比言語的叱責達到更有效的叱責效果。

附帶一提，沈默也是重要的「對話」之一。在沈默中沒有說出來的話，能夠經由「內言」而在人類的腦海中交談。接受訪問時，如果面對的是一位不習慣訪問他人的人，對於這一點的認識較淺，因為害怕沈默而說個不停，但是如果是個老手，非常了解這一點，會巧妙地利用沈默的時間。只要能巧妙地利用沈默，進行充分的「內言」，其結果就能得到更充實的「外言」了。

親子之間也是相同的情形，與其作無聊的談話或叱責，或是口頭的問答，還不如重視沈默，著重於「內言」的對話，才能培養出思慮較深的孩子。至少，如果父母親能認識到「沈默是金」，就能夠創造更具有效果的叱責方法。

8　叱責孩子時，不說明理由也是必要的

曾在聖心女子學院得到優秀的教育實績，並擔任皇太子教育的名人濱尾實先生，在談到他幼年時的教育，曾經這麼說過：幼年時，遇到社會上不合道理的事時，父親就會對他說：「如果你覺得不行，就真的不行了。」根本不容他分辯，而要他按照吩咐去做。每當他想到這件事時，就會深切地感受到「即使是不合道理的事，也必須要忍耐。縱使有時自己是對的，也一樣要忍耐」。

反觀現代的父母親，很多事情都會耐心地向孩子解釋清楚，這很可能是受到民主教育的影響。認為在叱責孩子的時候，向孩子說明哪一些事不可以做，以及為何不可以做，是尊重孩子的做法。但是，看看我們現在的孩子，我不禁懷疑這真是可取的方法嗎？

濱尾先生的父親不說明理由的教育與叱責，是不是具有重新評估的價值呢？最近，專家們也對此議論紛紛。

大致可從二方面來探討，一種是邏輯的說明雖然可以讓孩子了解道理，但是卻無法以真正的意義來說服。正如俗語所言，這只是頭腦的了解而已，並且邏輯本身並不是一件完全的東西。格言云：「沒有無例外的規則。」即使面對一個理由，立場或信條稍有不同，就可能會有反對的理論。即使叱責孩子的父母親本身是出於善意的判斷，但是也會因為氣氛的不同，而說出和以前好幾次說過不同的話。因此，以事實認定的方法每個人各有不同的標準，而無法了解唯一的真實。

看似完美無缺的邏輯的說服，有時會遭到孩子的反抗，而提出反對的理論。這是因為他能直覺地感受到邏輯的「欺騙性」，即使反對的內容微不足道，也會不斷地想找尋別的邏輯來反對，以便鞏固自己反對的信念。問題也就出在這裡，以道理來說服孩子時，很容易因為道理而產生反對的理論。由於言語與邏輯的不完全性，因此無法改變這種想法。

一些名人的技藝幾乎都無法以言語傳給弟子，經常可以聽說「與其學習，還不如讓他習慣」，或是「用身體來記住」，以及「技藝必須是偷學的」等等，就是因為他們非常了解道理與言語有一定的界限。

不講道理的教育還有一項重要性，即和沈默具有相同的效用，讓孩子用自己的頭腦去思考問題。孩子在父母親懇切仔細的解釋下，似乎已經了解箇中的道理，但是卻甚麼也不了解。這是因為孩子沒有機會去想「為甚麼」、「為甚麼自己會在這裡受到父母親的叱責」，由於父母親說明過度，使孩子不必再動腦筋思考。成立於節約思考上的教育，只是表面上的教育，無法深入孩子的身心。

即使不講道理，而強迫子女接受自己的教育方式，令子女產生疑問，而又無法解開疑問時，就如在文首提到的濱尾先生的例子一樣，反而深切地感受到這社會上有很多不合道理的事；但是卻不得不遵從的事情的存在。

關於這不合道理的存在，如果懇切仔細地向孩子作一說明，讓孩子了解的話，孩子早晚會反叛，認為這只不過是似而非的理由罷了！

9 叱責時，讓孩子正襟危坐，能使叱責效果倍增

我的朋友從美國視察幼稚園回來時，曾對我這麼說：

「美國幼稚園的老師叱責的方式非常好，絕對不像我國一樣，大聲地怒吼。老師經常蹲下來，視線和孩子的高度一樣高，握著孩子的手，靜靜地和孩子說話。不論哪一位老師在任何場合都是如此，當孩子們以這姿勢被老師牽住手時，真是非常不可思議，每個孩子都仔細聆聽老師所說的話。」

這方法之所以能發揮效果，是因為視線與孩子的高度相同，透過牽手等的動作，縮短與孩子的心理距離，使叱責的內容較容易鑽入孩子的腦海中。的確，對於被叱責時，會感到不安的幼兒而言，有必要考慮到這些處理方法。但是，這方法之所以發揮效果，卻是因為在叱責時，老師表現出已經決定好的姿勢，也就是配合叱責的儀式，讓孩童能感受到嚴肅的氣氛所致。

我由這件事回想到在我少年時代時，父母親要我正襟危坐，接受教訓的做法。我認為這

父母親的激勵能使孩子獨立 6

讓孩子正襟危坐再教訓他，能夠培養成長意識。

做法甚為可取，因為親子之間叱責與被叱責的行為在日常生活中日常化以後，效果會減半。但是，如果要孩子正襟危坐，孩子就會感覺到這與茶餘飯後的閑談不一樣，而是很重要的談話，因此經由這種「儀式」，能加深孩子的印象。

正襟危坐的習慣在現代的生活中已經逐漸消失了。在我的少年時代，這種習慣是很常見的，只要父母親對我們說：「坐到那裡去。」我們就會正襟危坐，並且感受到一股嚴肅的氣氛。現代的孩童們想必在這種狀況下，也一樣會感受到那種嚴肅的氣氛。平日總是以輕鬆的態度對孩子說話的父母親，尤其會感受到當天的氣氛和平日不同。

在武道的世界中，由於正襟危坐不能立刻站起來，不能立刻動彈，所以是表明不能攻擊的意思。大家列席以後，全都正襟危坐施禮，以期勝負的公正。

總之，面對面地談話，尤其是日常生活中所缺乏的非日常性，透過演出能夠讓孩童感受到這是非比尋常的氣氛，甚至不需要透過言語來提醒孩童注意，這比起滔滔不絕的雄辯、叱責與訓誡更具有效果。

這和容易形成左耳進，右耳出的言語的提醒不同，透過端正威儀與姿勢的決定，用身體能感受到的身體感觸，相信一定會長期對孩童的身心造成影響。

10 懲罰過失的「威脅」，每隔五次要實行一次

孩提時代，我們會閱讀或聆聽別人說『伊索寓言』，透過寓言故事學習人生的教訓。這其中的「狼與少年」是很著名的寓言故事。大家都知道，放羊的少年經常一邊趕著羊群，一邊大叫著：「狼來了！」要尋求村人的幫助。這位愛惡作劇的少年每次大聲地求助，看到村人驚訝的樣子時，就覺得很有趣。因此，他好幾次對村人說謊，大叫道：「狼來了！」有一天，真的有狼來了，放羊的少年再向村人求助，村人都認為少年又再說謊了，因此沒有人肯來幫助他。結果，這少年所飼養的羊，全都被狼吃掉了。

這故事告訴我們，小孩子不可以說謊，說謊的結果將會降臨在自己身上。但是，對大人而言，則另有一番涵意。

例如：經濟學家成蹊大學教授竹內靖雄先生認為，不確實的經濟預測或假情報等，造成無用的經濟混亂。舉出各種例子，說明「不確實的預測反而會造成大眾的混亂」的經濟教訓。身為心理學家的我，想要引導出的法則則是「若是將威脅視為單純的教育手段，會使親子

之間產生共謀感」。

無庸贅言，教育孩子時，賞罰分明是不可或缺的要件。當孩子沒有實行父母親的命令時，要給予賞，反之則罰，藉此要孩子遵從命令。然而，現代的父母親大多好賞厭罰。一旦父母親許諾孩子：「如果你這一次考試考到一百分，我就帶你去看棒球比賽。」孩子考到一百分時，父母親總是會排除萬難地實行諾言。但是，父母親對孩子說：「如果你不收拾好零亂的房間，就不給你吃晚餐。」結果，孩子沒有實行時，父母親卻沒有照自己所說的話來處罰孩子，還是讓孩子吃晚餐。另外，威脅孩子說：「如果下一次不收拾房間，就真的不給你吃了。」事情就這樣不了了之了。

的確，命令孩子做一件事時，即使不必實際給予處罰，先是說要處罰的一種「威脅」也能產生效果。但是，如果「威脅」只是單純的「威脅」而已，那麼對孩童而言，這只不過是單純的「謊言」，不會產生任何效果，就好像好惡作劇的放羊的孩子一樣，被欺騙的村人當這少年再說「狠來了」的時候，再也不會相信他了。

換言之，在教育中，如果常把「威脅」當成手段來使用，親子之間就會產生一種怪異的共謀關係，所謂賞罰分明只不過是一個表面的題目吧了！

但是，如果每一次孩子不肯實行時，就處罰孩子，孩子的心靈會備受壓抑，對父母親產生一種畏懼感。這就像是生活在「恐怖政治」下一樣，無法培養孩子自主地實行事物的獨立心。因此，如果要把「威脅」當成教育手段來使用，每隔五次一定要有一次硬著心腸來付諸實行。讓孩子產生不安感，以為「也許，這一次真的會受到處罰」，那麼當成「威脅」的手段就會產生效果。這就是心理學經常說的「間歇補強」的作用。

以父母親喜歡的小鋼珠為例，如果每五次就有一次球進洞，遇了五次以後，即使球沒有進洞，也會產生一種「下一次球應該會進洞吧」的期待感。

這效果就是「間歇補強」的作用。教育也是相同的道理，每隔五次就要實行一次威脅的處罰，就會讓孩童產生一種「這一次不知道是不是會被處罰」的緊張感，比起每天處罰會具有更好的效果。

11　當孩子說「可是」時，必須回之以「的確如此」、「不過」

提醒孩子注意過失時，孩子會說：「可是，那小孩也這麼做呀！」或是：「可是，事先你並沒有說呀！」孩子會重複地說「可是」這句話，好把他所犯的過失正當化。這時，如果認為孩子所說的都是對的，這樣並不是對孩子好。可是，以孩子為對象，向孩子講道理也不是容易的事。

以這觀點來看，最重要的是孩子「可是」的內容，只是單純逃避的言語還是含有真實性，一定要明察秋毫。然而，如果孩子所說的話有道理，如果結果不好，也必須要叱責。

因此，對於孩子所說的話絕對不要囫圇吞棗，要即刻重新考慮，這是很重要的。當孩子打算以「可是」這句話來使自己的行為正當化時，你可以以「的確如此」這句話來接受，確認孩子所說的話以後，再以「但是，你做的事還是壞事」來反駁孩子的說法。

這做法經常出現在業務員的教科書。業務員為了讓顧客買自己想要販賣的物品，在遣詞用字上，必須要設下一些陷阱，其中的一個方法就是「的確如此」的話。

當顧客頑強地拒絕時，業務員首先會全面同意對方所說的話，經常使用「的確如此」、「正如你所說的」、「說得很對」等言語，也就是完全同意對方的主張與態度。等到對方表現接受的態度以後，再說出「但是」，表示不相同的意見，這時對方會較容易接受。這也可以稱之為「應酬話法」，而在心理學上，這也的確是合理的做法。

接受對方的一切，心理學上的說法是「容認」。透過這做法，讓對方知道自己受到尊重，讓他感覺到自己擁有自尊，而顯得安心。

當頑固的心靈打開，擁有餘地的時候，就會願意傾聽對方的談話。這時，要說服對方是一蹴可幾的。

美國的心理學者艾克曼曾進行過以下的實驗：對於反對死刑制度的學生，經常給予贊成對方意見的話語，最後終於說服了學生。雖然始終一貫地說「的確如此」、「很好」，但是卻能使對方改變意見，由此可知，容認的效果的確非常大。

孩童也有頑固的一面，有時就好像不願意理會業務員的顧客一樣，因此當他說「可是」這句話時，通常不會為你的建議所動搖。這時，利用「的確如此」的話語，表現出「容認」的態度，就能夠衝破對方的防禦線。

接著，再利用「但是」的說法讓孩童反省，就能夠使孩子仔細聆聽父母親所說的話。畢竟，不論是任何理由，做了壞事就是壞事，必須要讓孩子了解到社會的嚴格標準。這麼一來，孩子也能了解到不是光靠「可是」，就能夠逃避個人責任。

12 當孩子把責任推諉他人時，反問孩子他人會作何感想

美國的心理學家洛占茲威克先生想出了一種名為「繪畫慾求不滿測驗」的頗耐人尋味的性格測驗。這是讓受測者看畫，由受測者對畫所抱持的意見來看性格，這與墨跡測驗相類似，但是並不是看無意義的圖形，而是真實的漫畫，再作分析。例如採用以下的方法。

漫畫上描繪的是一輛汽車和通過的行人。汽車越過水塘時，濺起了泥，駕駛低下了頭在道歉：「我是很想要避開，但是⋯，真是對不起。」面對這位駕駛的行人在說些甚麼呢？對話的部份是空白的。

測驗的題目是，這位行人到底說了些甚麼？有的人說：「笨！小心點。」另外，也有的人會說：「我也一樣，會說出一些道歉的話語。」洛占茲威克將測驗的反應分為「外罰」、「內罰」、「非罰」三種。將責任向外轉嫁的，稱為「外罰」；相反地，將所有的責任歸羅於自己的，稱為「內罰」。如果責任在於對方，則是對方的責任；責任在於自己，則是自己的責任，具有合理精神的非罰這三種。

依照這三大種分類，可以知道近來有許多國人是屬於外罰反應。本來是屬於個人責任的事項，也會說是「政治的緣故」、「都是社會不好」等等，通常都會把責任轉嫁給他人。

在這風潮的支配下，對孩童所造成的惡劣影響真是難以勝數。尚未培養社會性的孩童，當然是以自我為主而存在著。對自己無法作客觀的判斷，因此在發生某些事時，遭到父母親的叱責，就會說：「都是某某人的緣故。」藉此想要逃避。但是，教育的基本卻是不容許他們以藉口作為逃避的手段，在社會整體「外罰反應化」的國內而言，口頭上的叱責效果並不彰。

對於把所有的責任推諉給對方的孩子而言，應該要讓他們了解自己應負的責任到何種程度，而其餘的責任才是對方應負的，讓孩子作客觀的理解為第一要件。這時，要求孩子站在別人的立場，用自己的頭腦來思考。

最具有效果的方法是，在孩子主張「是那個孩子的關係，跟我一點也沒有關係」的時候，你可以反擊他說「如果是那個孩子的話，他會怎麼說呢？」這時，孩子就會在腦中想像，對方到底會怎麼說。經由立場的轉變，孩子就能夠察覺到自己到底要負多少責任，而會反省不應該將所有的責任推給對方。

當然，實際上也可能是對方不好。如果孩子站在對方的立場，也能夠作出合理的說明，就表示孩子沒有說謊。

如果不是如此，而是保持沈默，或是無法充分說明時，就是要找藉口逃避自己的責任。而且，如果把孩子趕入這狀態中，即使沒有說出叱責的話語，也一樣能達到叱責的效果。

由此可知讓孩子在孩提時代開始，就冷靜地訓練他站在對方的立場，待孩子成長以後，就能夠擁有堅強的性格。以現在的分類而言，就會成為「非罰反應」的人。

自覺到自己的責任，而不忘體貼對方的人，即使在身處逆境時，也不會感到氣餒，成為很有個性的人。

13 當孩子缺乏幹勁時，反過來嚴格禁止他做

要孩子做他提不起勁來做的事，恐怕很困難吧！再怎麼安慰他、鼓勵他、勸他，只會使他更加沮喪而已，這就是小孩的心理。這時，父母親當然會很生氣，也可能會大聲地責罵他

，結果徒使孩子更加頑固，並且缺乏幹勁。

這時，父母親可以一邊佯裝不知，一邊禁止他去做，不要對孩子說：「你去用功。」而要對孩子說：「你絕對不要用功。」採用禁止的方法，反而能使孩子產生幹勁。因為人類的心理就是在受到別人的禁止時，反而要做給別人瞧瞧。

這也可以說是一種「彆扭」心理，因為人類或多或少都有這樣的心理。每個人都不希望按照他們的指示去做，具有本能的獨立心，即使是依賴心極強的孩子也是如此。經由這種心態，就能使獨立心萌芽，就這意義而言，重視「彆扭」心理也是很重要的。

當想做的事情被禁止去做時，心理就會產生一種飢餓狀態，就會湧現出具有幹勁的「食慾」效果。「人生論」一書指出，陷於萎靡不振時，拋開工作與學習，縱情於遊樂，我想應用的就是這原理吧！這時，也可以改變一下心情，當再次投入工作或學習中時，就會重燃熱情。

在英國，有一間名為沙馬•西爾的學校，這間學校非常獨特。為甚麼呢？因為這學校不強制學生學習。當學生下定決心想要學習以前，可以盡情地遊玩。在學生產生學習的慾望以前，完全放任不管。結果，這些孩子往往會自動自發地開始學習。而且，比起學校強迫他們學習而言，具有更強烈的學習慾望。

沙馬•西爾學校所進行的方法，和克服萎靡不振的方法一樣，透過製造心理的飢餓狀態，建立孩子的學習慾望動機。

我想，把這方法應用在家庭教育上，應該也不錯吧！當然，並不只是限於課業的學習上，不論是做家事、禮儀規矩或日課，當孩子不願意照父母親所說的話去做時，與其勉強孩子去做，還不如予以「禁止」。

給予一週或一個月的冷卻期間，找個適當的時機再詢問孩童。

也許，在這期間「幹勁」高漲的孩子，對父母親的詢問會產生好的反應吧！

14 父親在面對孩子時，與其「饒舌」，還不如保持「沈默」

有人說，最近的父親已經變得母親化了。不只是在育兒、教育方面，連做家事方面，也已經父代母職了。從換尿布開始，到做飯菜、洗衣等，父親的表現也很出色。父親母親化的結果，會形成「無父親家庭」的弊端。這其中的問題就是，父親有對孩子嚕嗦的傾向。

對孩子諸多限制，連日常生活中的行動也鉅細靡遺地過問的父親，在無形中會削弱了自己的立場。

在日常生活中，即使父親十分在意孩子的行動，最好也交由母親去提醒，而保持沈默較好。對父母而言，在家庭裡的功能就是想說的話不要說出來，「沈默」是為人父者的任務。

經由心理學，已經證明了「沈默」會帶給對方多大的威脅。「沈默」不見得就無法造成影響，對對方也能產生良好的作用。

以前的父親對孩子具有很大的支配力，這固然是因為社會結構與家族制度之故，以前的父親善用「沈默」的技巧，也是原因之一。以前的父親並不都是人格高潔，非常受子女尊敬的人物，但是大多數父親都會很有技巧地使子女畏懼。

在此，稍微岔開話題。某家公司以交易企業的五十家公司職員為對象，以「理想的上司、討厭的上司」為題，作問卷調查。發現理想上司的首要條件為「對於能力，能給予正當評價的上司」，討厭的上司則是「在小事上，嚕嗦個不停的上司」，以及「對上司拍馬屁的上司」二種。

那麼，具體而言，最受歡迎的上司為何呢?在調查中發現，最受人歡迎的是，不言實行型的上司。

換言之，以上班族的看法而言，不言實行型的上司是能給予自己的能力正確的評價的理想上司。仔細想想，這實在是很不可思議的事情，既然保持沈默，又如何能評斷自己的能力呢？

我想，很可能是因為「沈默」會使人胡思亂想，而把自己理想中的映像投映在對方身上。昔日的父親善於使用，現代的父親卻拙於使用的，就是「沈默」的技巧。

現代的父親過於饒舌，子女最討厭的父親，就是像母親一樣嘮叨的父親。我想，父親保持沈默，會較容易受到子女的尊敬吧！由這意義而言，「沈默是金」果不其然，所以「男人必須保持沈默，獲得勝利」。

15 父親切勿以家庭成員的立場介入母子的爭執

現在，父親的權限在各方面喪失，都產生了問題。的確，與我幼年時相比，我發現要找到和以前一樣威猛的父親已經很困難了。但是，對於子女而言，父親仍是很可怕的存在。

對子女而言，母親是每天要長時間面對的對象，在被母親叱責時，也可以大致了解母親的想法。但是，對於父親並不是如此。當孩子在做一件事，而母親又制止不了的時候，就會說：「如果你再這麼做，我就要告訴爸爸了。」

這時，對子女而言，就會產生一種威脅感，較能夠乖乖地聽從母親所說的話。由此可見，父親的存在具有某種程度的必要性。

但是，我認為讓子女感受到威脅的作戰方法，如果做得太過火，對子女會造成惡劣的影響。因此，最好是在好的意義上運用權威，不只是在家庭方面的問題，在廣大範圍上，都能應用父親的權威。

以商業情況來考量，各位就能夠了解了。為了要擴展企業活動，而要打破慣例，改變家訓，順應社會潮流的情況並不少。如果公司的經營者沒有遠見，就會使公司的營運岌岌可危，並影響全體從業員的生活。能夠發揮頂尖作用的，就是父親。

當然，我並不是說父親比母親更加偉大，而是碰面機會較少的父親，會予人權威感。例如：在母親叱責子女時，經常是單方面站在母親這一邊的父親，會予人嚴肅的感覺。

這時，父親應該像「法官」一樣，站在中立的立場，要作為客觀的第三者來觀察母子之間的爭執。

此外，不僅限於母子之間的爭執，只要父親能夠稍微退一步，看清整個事件的發展，教育也會具有一貫性的效果。例如：孩子想要買玩具，或要求父母親帶他到遊樂場去時，要以長遠的眼光來判斷較好，但是母親帶他到遊樂場去時，要以長遠的眼光來判斷較好，但是母親很可能會立即答應孩子的要求，或是當場敷衍了事。

這時，父親應該脫離家庭的立場，作系統性的考慮。按照這系統來買玩具給子女，對於子女的教育才具有真正的意義。

16 宣佈「我只說一次」再下達指示，能使孩子集中注意力聆聽

這是我從某人那兒聽來的事情。這人因為工作很忙，根本沒有時間看電視，因此去買了自己專用的錄放影機。買了以後，卻變得不想看電視了。以前，想要看的電視節目要勉強擠出時間來看，但是買了錄放影機以後，想到有預約錄影，就打消了看電視的熱情了。當然，事先仍用錄影機錄好了，只是錄影帶不斷地增加。以讀書人的情況而言，就好像書堆著不唸

父母親的激勵能使孩子獨立 7

宣佈「只說一次」，然後再下達指示，能使孩子自動自發地聆聽。

的狀態一樣。

人類對於隨時能看到或聽到的東西，就會喪失熱情，缺乏集中力。這在孩子的教育上，也是值得參考的。和一些母親見面，談到孩子的教育問題時，她們總是說：「我的孩子都不聽我所說的話我每次都說了好幾次，可是他就是不聽。」但是，問題就出在「我每次都說了好幾次」。孩子不願意聽父母親所說的話，原因可能就在於父母親說了好幾次。

換言之，孩子的心理認為父母親所說的話隨時都可以聽到，因此就產生了安心感，聽父母親說話時，就很容易左耳進，右耳出了。這就和先前所說的，我的朋友買了錄影機的情況一樣。這是心理在作祟的緣故。以這意義來看，當你和孩子說話時，要讓孩子知道同樣的話不會再說第二次，要他努力地傾聽自己所說的話。

例如：要告訴孩子，「從外面回來以後，一定要漱口」之前，要先對孩子說：「知道嗎？媽媽只說一次哦！」要表現出斷然的態度。這麼一來，孩子大多也會用心地聆聽。

老實說，電視講座等在錄影機尚未普遍裝置以前，具有只以一次決定勝負的特徵，因此學習效果較佳。現在，也有很多人不作錄影，而聆聽講座，但是卻比不上只能夠聽一次更能夠增加學習的集中力，產生無法在課堂上得到的效果。

第四章

搔癢

——誘導孩子從任性中畢業的方法

1 當孩子說「我的朋友也這麼做」時，要反擊他「也有孩子不這麼做」

孩子經常說的話是「大家都這麼做」、「某某人都這麼做」。例如：當你對把手肘靠在餐桌上的孩子說，「這麼做很不雅，不要這麼做」時，孩子可能會反駁道：「別人都這樣吃啊！」或是當他提出想要買玩具或自行車的要求時，大多會採取這說法：「○○人和○○人都有。」

遇到這種情形時，要對孩子說：「也有孩子例外呀！」表示還有例外的情形。因為當孩子這麼說時，是陷入一種「視野狹窄」的狀況中。以客觀的眼光來看，也有很多小孩子並不這麼做，但是被目的奪去眼光的孩子，卻看不到這一點。

大人會陷入這種心理的情況也不少。例如：神經衰弱的患者經常會出現以此類似的想法，他們常會說：「大家都討厭我。」或是：「我甚麼事都做不好。」都有這些煩惱。這些言談中的邏輯，我想都是屬於同一種類的。

神經衰弱治療的精神醫學所使用的打破這一類邏輯的方法，有以下的例子：當患者說「大家都討厭我時」，要求他改說「有人討厭我」。這方法就是讓患者知道並不是所有的人都討厭他，而只是有一部份人討厭他，藉此而逃離「視野狹窄」的範圍中。

另外，「我罹患了臉紅症」和「我總是結結巴巴」的神經衰弱也可以利用這方法來改正。在這種情況下，相信大家都已經了解到，患者應將「我罹患了臉紅症」改說成是「我有時候會臉紅」。

總之，並不是全部，而是會有一部份這樣的情況出現，我認為這方法也適用於孩子身上。

但是，為甚麼孩子會有這一類邏輯呢?這是因為當他說「大家都這麽做」時，父母親會表現出較弱的態度，孩子在無意識中，知道了這一點。在任何時代中，父母親的心情是永遠不會改變的，任何父母親都不希望自己的孩子落人後，一旦孩子提出「大家都這麽做」的邏輯時，父母親就會毫不吝惜地掏出腰包來，助長了孩子的氣息。孩子察覺了父母親的弱點，就會食髓知味。換言之，要打破邏輯，首先要消除父母親心中的差距感。

就這意義而言，先前所提供的例子是很有效的。當然，與其說是對孩子說，還不如說是對父母親自己說，說了以後，就能夠切斷來自於子女的咒語。

如果孩子以「朋友都這麼做」這句話來攻擊你時，你可以反擊他道：「也有小孩不這麼做呀！」立刻就能切斷孩子「撒嬌的構造」。

2 不得不接受孩子的要求時，至少要讓他等一週

我還記得我們在孩提時代，得到父母親買給我們的東西時，總是會如獲至寶一般地愛不釋手。現在的孩子在得到東西以後，只是在一開始時珍視它，玩了一陣子就厭棄了。對於購買玩具給孩子的父母親而言，也失去了「購買」的意義，其中的一個原因就是因為父母親會立刻回應孩子的要求。

不諳心理學的人也會知道，欲求的滿足度是與等待時的心理呈正比的。朝思暮想而得到時的喜悅，與想要時即刻得到的喜悅相比，會有天壤之別。買玩具給孩子的時候，也是一樣的情形。如果在不得已的狀況下，必須買東西給孩子時，一旦立即購買給孩子，孩子的滿足感就會減少，就不會產生如獲至寶，愛不釋手的心理。同時，也無法培養孩子在未來非常重

父母親的激勵能使孩子獨立 8

答應孩子的要求時，至少要讓他等一週

要的資質——忍耐。

當我幼小時，請求母親買玩具給我，但是母親卻會說要等到下一次的生日或慶典時，才會買給我。這期間一定會間隔一個月或二個月。

東京家政學院大學教授與謝野光先生為與誤野鐵幹之子，非常有名。他在某雜誌上，以『母親的禮物』為題，寫下幼年時的回憶。當時，他的父親在鐵幹的東京千谷自宅中，在明星派短歌全盛時期，經常會有鷗外、柳村、白秋、啄木、光太郎等名人連日進出此處。但是，家中的氣氛愈活絡，光先生的母親就愈辛苦，要打點一切。當光先生要求母親買玩具給他的時候，媽媽總是會對他說：「平常不買，等聖誕節那一天才買給你。」

媽媽也總是很守諾言，到了聖誕節的前一天晚上，母親將他帶到庭院中，請他用線將她給孩子們的禮物綁在杉樹上。

光先生上了小學以後，已經不能在樹上綁禮物了。但是，母親在一生中，仍持續著在聖誕節那一天，把禮物放在枕邊的習慣。對於母親的行為、真情與禮物充滿了喜悅之心的光先生，在長大成人以後，不僅難以忘懷，並且也養成了克己之心，對於幼小者得到禮物的喜悅與長者給予禮物時的喜悅都有深刻的體會，同時對母親深表感謝之念。

享有國民榮譽賞的前巨人隊的王貞治先生，也一樣有相同的體驗。他在幼小時，很想要電動火車，但是父母親卻不買給他，過了一個星期以後，在他生日的那一天，母親悄悄地買了電動火車，把它當成生日禮物送給他。直到現在，母親的溫柔、體貼與當時的喜悅，仍鮮明地留在記憶中。

即使不需仿效上述的例子，但是在不得不接受孩子的要求時，也要至少讓孩子等上一個星期。這心理作戰能培養孩子的克己心，讓他們知道惜物的重要。

3　要拒絕孩子的要求時，要說出孩子能接受的條件

孩子在車上或百貨公司裡，哭著要求母親買東西給他，再也沒有比這種情況更令母親感到困擾的了。如果不答應孩子的要求，恐怕會造成他人的不便，因此母親自然非常在意。

這時，周圍的人有必要以體諒的態度，幫助母親度過難關，而母親也有必要將帶給他人的不便減至最低的限度，而去尋求一個如何教育子女的方法。

很遺憾的是，大多數的情況卻是二者皆不可得。剛開始時，母親會堅定地拒絕孩子的要

求，但是等到孩子愈哭愈大聲時，招來了周遭的人的注意，母親只好勉勉強強地答應了孩子的要求。這種情況反覆出現時，就會使孩子產生伺機而動的「智慧」。結果，一次又一次地陷入這種惡性循環中，而孩子的慾望也愈來愈大。對母親而言，這是一大難關，必須要想辦法克服。

我國社會有一種「關起門來教養孩子」的想法，在這種風潮的影響下，希望孩子能儘快保持沈默。但是，孩子的教育是進行社會生活的所有人類的問題，因此本來就不應該將之區分為「門裡」、「門外」的教養。如果因為在意他人的眼光而急於當場解決，結果以長遠的眼光來看，會因為在意他人的眼光而帶來更大的困擾，因此一定要冷靜地思考。

這時，要留心的第一件事是，在拒絕孩子的時候，絕對不要說謊話。例如：孩子在電車上時，要求吃零食。媽媽回答他說：「沒有。」但是，孩子明知道媽媽在出門時，就備好了零食，好在中途休息時吃。因此，孩子一再地要求，而媽媽也一再地說沒有，直到孩子的哭聲愈來愈大時，媽媽終於把零食拿了出來。

孩子在一開始的時候，就知道媽媽的身上有帶零食，這時媽媽以「沒有」來回絕孩子，孩子自然不會採信，因為孩子當場就已經識破了媽媽的謊言。較好的方法是媽媽對孩子說：

「在車上不行，等下了車再給你吃。」製造一個能滿足孩子的條件。透過遵守條件，孩子慢慢地就會了解到忍耐的重要，也能夠了解母親拒絕的理由。

去購物時，與其騙孩子說：「沒有錢。」還不如對孩子說：「等媽媽回去和爸爸商量後再說。」給予孩子如此的條件，孩子大多會接納。

4 如果孩子不想要獨自睡，也不要安慰他或哄他

由於住宅環境之故，父母親和孩子經常在一起睡，這已經被視為是理所當然的事情。因此，父母親熬夜時，孩子到了晚上十一、十二點鐘，還未就寢的情況並不少。以健康層面的狀況而言，孩子熬夜當然有害健康，可是父母親卻說孩子不願獨自就寢，所以不得已才出此下策。

歐美的父母親則不然。就這一點而言，不只是深受小孩喜愛，連女性也為其所吸引的A・A・米倫的童話，『普普熊』在最後，是與主角克利斯多福羅賓這位少年，獨自走到二樓寢室的場面作為結束，可說是非常具有象徵性。白天除了平常的招呼以外，也會說一些比較有

趣的話題，親子之間融洽地親密相處在一起。到了夜裡時，孩子不得不獨自睡覺。夜晚是「大人的時間」，大人與孩子的生活儼然有別。

此外，原則上，父母親不會為了孩子而在半夜時起來，所以會有在半夜時，孩子偷偷地溜出去遨遊世界的『小飛俠』等童話故事，充分地反映出基本的教育方式。

歐美人到了某個階段，親子之間一定要斷然分開。在孩子還小的時候，就讓孩子獨自睡覺，是其中的表現之一。換言之，親子之間必須要有差距。

但是，我國的親子關係卻是「二十四小時營業」，不論白天或晚上，都生活在一起，沒有須臾分離。

「二十四小時營業」並不是不好，但是最近大眾傳播媒體競相報導的種種親子間的問題，都是由於「二十四小時營業」造成親子之間心理關係歪斜所致。

我並不認為歐美式的教養全都是好的，但是我認為讓孩子獨自睡覺的方法卻是可取的。因為親子的「二十四小時營業」對孩子的精神成長來說，並不是一件好事。子女的精神斷奶期會因此而拖延。

就國內的住宅情況而言，有時候會無法辦到。但是，在情況允許下，可以儘早讓孩子擁有獨立的寢室。至少，可以避免親子在同一房間，同一時刻睡覺。

此外，當孩子不願意獨自一人睡覺時，絕對不要安慰他或哄他。要不由分說地命令他獨自去睡覺。對於害怕自己一個人睡覺的神經質孩童而言，也許必須唱一些催眠曲或說一說故事給他聽。但是，不必陪孩子一起睡。否則，即使是給他一間個人的房間，但是實際上「二十四小時營業」的情況並沒有改變。

為孩子唱催眠曲，讓孩子的心情平靜以後，對他說：「明天再見了。」然後，讓他自己一個人睡覺，這是心理作戰的要點所在。等到孩子會獨自上廁所以後，就讓他一個人睡覺，這時才會毫不勉強。

5　要求孩子在說話時，養成清楚說明主語、述語的習慣

幼兒語遣詞用字的特徵之一，是省略主語、述語，而只是說出目的。例如：想要喝水時，只說「水」；想要母親抱他時，只說「抱抱」。當他要說「我想要○○時」，只會用語彙說出他要的東西，其他的一概不說。

當然，這也與孩童的語言能力有關，不過原因似乎並不止於此。其證據就是同年齡的歐美小孩和我國的小孩不同，會明確地使用「我」（I）的主語與「要」的述語。

歐美的孩童由幼兒期開始，自我意識萌芽，能夠清楚地表現自我主張。不只是幼兒語單純的遣詞用字的問題，對於孩童的精神發達而言，會產生重大的影響。我國的孩童不論到何時為止，「自我意識」都無法清醒，撒嬌的意識在長大以後，也無法切斷。追究其原因，就是幼兒期的遣詞用字所造成的。

獨立心或自立心較強的人，大多會使用「我」的一人稱單數，而沒有個性，依賴心較強的人，則會使用「我們」這種一人稱複數。當然，這可以說是符合真理的觀察，我想指出的是，其不同點應是幼兒期時的遣詞用字所造成的。

如果孩子僅以「水」、「抱抱」等單語來表現其意思時，父母親就立刻能了解其意，而滿足其慾求，就無法培養孩子的「自我意識」。

即使長大成人以後，也無法脫離其幼兒性。

前文中，當提及現代的年輕人三大用語為「吃飯」、「要錢」、「嚕嗦」。這可以說是年輕人只以三個單字來表現心理慾望的現象，我們由此可以感受到這些年輕人無法脫離「嬌縱的構造」的幼兒性。

我認為要讓孩子的「自我」與「慾求」明確地清醒，巧妙地拒絕孩子們的任性，從孩提時代開始，就必須要教導孩子如何明確地使用主語與述語。而且，當孩子只說「水」的時候，不要給他水，有時候要佯裝不知其意。

如果孩子無法主語、述語齊備地說出「我要喝水」的句子，就不要給予他所想要的東西，這方法有助於「自我意識」的確立。

我的朋友在和孩子談話時，經常會使用標準的日常會話來和他談話，而儘可能不使用幼兒語。觀察這孩子時，可以發現他在表現自我慾求時，經常會明確地使用主語和述語。

有的人會認為這不是孩童應有的表現，而認為這樣的孩子「一點也不可愛」，但是在我的眼中看來，這卻是「好孩子」。

根據朋友的說法，他的孩子比其他孩子更早懂得閱讀，並且理解度較深，這絕不是父母親只會以自己的子女自豪的表現。

如果孩子從孩提時代就接受這方面的教養，就不會培養出只會以三個單字說出自己的慾求，令人感到諷刺的任性青年了。

6 固定讓父親扮演堅決拒絕孩子要求的角色

父親在現代的家庭中，居於很特殊的立場。

現代的父親似乎已經失去了以往父權的權威，降至可有可無，不能依賴的地位上。即使是在假日時，也要忙碌於工作，很少在孩子面前露臉。縱使偶爾休假，在孩子眼中，也仍是扮演著一個不對孩子歡心，非常忙碌的父親之角色。

但是，換個觀點來看，這父親的角色能進行與母親完全不同的「教育」的可能性。

母親平日就和孩子黏膩地生活在一起，因此有時候會無法拒絕孩子任性的要求，大多會有求必應。結果，在不知不覺中，就建立了「嬌寵的構造」，讓孩子看穿了自己的心思，而無法在親子之間的戰爭中獲勝。

在現代家庭平均有二個子女的狀況下，孩子對母親而言，與其說是教育對象，還不如說是有如寵物一般。為了減少衝突，過著快樂的每一天，結果會使孩子任性而為。

但是，這時由父親出面斷然拒絕，就能夠壓制住母親難以招架的任性孩子。對孩子而言，父親是偶爾才會碰面的疏遠的存在，因此較不容易產生嬌寵的構造，也較容易建立可怕大人的印象。換言之，孩子平日畏懼的父親印象，可以反手利用作為「激勵作戰」。

前些日子，以『金剛探險記』一書而膾炙人口的著名動物學家河合雅雄先生，曾經談及父親論的體驗談。河合先生因工作上的需要，經常作調查旅行而不在家，對於自己身為父親，卻無法發揮作用，作深刻的反省。而且，說明世間的父親都是早出晚歸的。但是，根據他的觀察，父親在偶爾回家時，就好像把社會的狂風暴雨吹入家庭一樣，具有這方面的作用。

河合先生的結論是，在培養孩子獨立心的作戰上，這是正中鵠的方法。不可以認為「男人的工作太忙碌，孩子只要交給妻子照顧就可以了」，絕不可以因此而放棄對子女的教養，應該要背負著世間的狂風暴雨，站在子女面前，要使這「呼喚暴風雨的男子」成為父親。當子女提出任性的要求時，只要父親一出現，他們就會知道自己的要求無法順利地達成了。

我的一位朋友是個作家，因為職業的關係，經常在自宅中寫稿，對待子女很嚴格，而且不僅是如此，在孩子的教育方面，也令我感到驚訝。他是一位各方面都顧慮到的男子。

換言之，由於他的工作場所是在自宅中，可是非必要他絕對不會和子女多作接觸，儘可能試著外出，下意識地將自己塑造成一個「將社會的暴風雨吹入的存在」。這可以說是我所謂「作戰」的好例子。由於這緣故，他的影響力也非常大。

7 與其禁止子女哭泣，不如先聽一聽他們的要求

某個家庭中的姐妹經常爭執，後來有一次妹妹吵輸了，哭著跑出了房間。這時，父母親正與訪客在談笑風生，母親見狀站了起來，說道：「唉，真是拿這些孩子沒辦法。」也許，一般的母親會要孩子先別哭了，或是說出一些責罵的話語，如「是不是姐姐又欺負妳了」之類的話，但是這位母親卻沒有這麼做，她讓這女兒坐到身邊去，問她道：「發生了甚麼事？說來聽聽吧。」於是，妹妹把她和姐姐爭吵的內容說了出來，而她漸漸地也不哭泣了。說完以後，妹妹又回到自己的房間去。雖然母親並沒有為她們調停，也沒有答應妹妹的要求，但是姐妹倆很快地又和好如初了。

通常，孩子在自己的要求無法獲得滿足時會哭泣。而且，在哭的時候所提出來的要求，不見得都是能讓人接受的。這時，如果父母親為了壓制子女的哭泣，表現出的態度是「不要再哭了」，對心理作戰而言，這並不是好方法。由於慾求不滿，再加上被責罵的打擊，孩子

會哭得更大聲了。

當然，孩子的要求不見得能百分之百地接受。但是，至少能消除其慾求不滿，而其中之一的方法就是如先前所述，像那位母親一樣地聆聽孩子所說的話。

也許，有人會感到疑惑，仔細地聆聽別人的要求，對於無法答應的要求，豈不是讓對方空抱著期待感嗎？但是，在慾求不滿時，經由傾吐的管道可以捨去慾求極度不滿的高漲情緒，透過這方法就能夠捨棄要求。心理學將這作用稱為「淨化作用」。

心理療法或心理輔導在初期階段時所進行的「問診」或「對話」，就是利用這作用。我們在日常生活中，也會無意識地利用這作用，以消除心中不滿的情緒。精神科醫生或心理醫師等，以患者為對象時，最初所進行的即使只是捕風捉影的方式，也是讓對方先說出自己中心的不滿。在這一階段，不會給予任何建議或診斷，而只是在旁聆聽而已。必要的不是聆聽者的意見或判斷，而是讓對方吐出心中的不快，只是一種誘導技術而已。最主要是使對方願意開口說話，同時對對方的話表示感到興趣，在適當的時候提出一些問題就可以了。

待對方把想說的話都痛快地說完了，就能夠冷靜下來。透過「淨化作用」，即能釋放心中慾求不滿的能量，努力將自己的想法傳達給對方，也能夠成為重新評估自我的關鍵。

雖然我們無法期待子女客觀地觀察自我，但是至少可以讓子女釋放心中的不滿，恢復心理的平衡。即使自己的要求不被接受，也不會在心中留下陰影。同時，孩子也會漸漸地了解到，即使在他哭泣時，要求也不會被接受。

8 在子女尚未停止哭泣以前，不要傾聽其傾訴

以心理學的觀點來看子女攻擊父母親的弱點之作戰，會發現這實在是非常巧妙。另有一種子女攻擊父母親的戰法，為「哭泣戰術」。

我國的父母親對於孩子的哭泣，抵抗力特別弱，而孩子會巧妙地利用這弱點，遇到不如意時，就放聲大哭。

父母親不善於處理孩子哭泣，我認為這是因為一大誤解而造成的，那就是認為孩子在哭泣時，即表示痛苦。但是，孩子在遇到不如意或痛苦時，不見得就只是以哭泣來宣洩。

例如：孩子在外行走時跌倒了，在父母親眼中看來，跌倒了而摔傷，一定會很痛，但是孩子仍若無其事地站了起來，搖搖晃晃地向前走去。但是，孩子在看到母親時，卻放聲大哭

了起來。

由孩子的表現就可以知道，孩子的「哭泣」並不是疼痛或難過的表現所造成的結果，而這種「哭泣」只不過是孩子對父母親「撒嬌」的行動而已。

在我小的時候，也是個愛哭鬼，經常只知道哭。有一次，在放學途中，因為交通意外事故而跌斷了手臂，受了重傷。當時，老師和陌生的警察把我送到醫生那兒去接受緊急處置，但是在這期間，以往愛哭的我連哭都沒有哭出來。後來，回想當時的事情，我認為自己平常的「哭泣」只不過是撒嬌的「哭泣」而已，面對無法撒嬌的他人，我只是覺得疼痛，而無法哭泣。

由這意義來看，父母親認為孩子哭泣是因為難受，而露出一張「同情」的表情，這是錯誤的表現。因為孩子即使遇到痛苦的事情，也不會哭泣，只是因為想撒嬌才會哭泣。

當孩子哭著想要說些甚麼時，也是相同的情形。由於哭泣本身並不具有重大的意義，因此父母親不必安慰子女，要他們停止哭泣。

要打破這戰法，首先要將「哭泣」與「傾訴」的行動分開處理。因為經由「哭泣」而讓「傾訴」通過，是他們的戰略。

因此，在孩子「哭泣」的時候，就不要聆聽他的「傾訴」。如果要「哭泣」，就先不要「傾訴」，要以這態度來和孩子應對。這麼一來，父母親就可以針對這二種行動作出明確的處理。換言之，單純的哭泣只是撒嬌的表現，所以要拒絕。另一方面，要把「傾訴」當成是「傾訴」，要詢問其理由再應對。重複這麼做，很自然地就能切斷「嬌縱的構造」。

9 不能因為玩遊戲，就允許孩子「等一下」

室內遊戲是促進孩子頭腦發達的絕佳遊戲，是心理學認可的。在這其中，圍棋、象棋、西洋棋等具有勝負性的遊戲，可以透過勝敗來訓練應如何才能獲勝的自我判斷，所以一定要認真地進行遊戲。因為這是認真使用頭腦的智慧訓練，而真正的勝負對於教育的訓練而言，也是重要的手段。

遵從一定的規則進行比賽的遊戲，本身就是一個快樂的遊戲。透過遊戲，遵守規則，這是進行社會生活的基本原則，也能透過遊戲學到這一點。

由這意義來看，最大的問題是所謂的「等一下」。這一類型的小孩不但會使遊戲的樂趣減半，而且會違反規則，一旦允許孩子這麼做時，就會留下許多不良的影響。畢竟，人生是不可能重來的，遊戲也是一樣。對孩子而言，遊戲就是「全部的生活」。如果動輒就重新再來，最終會培養出不會深思熟慮，欠缺忍耐力的孩子。

不只是孩子，人類在比賽中失敗，就會傷害自我。以心理學的觀點來看，「等一下」是從會受到傷害的不安與不快感中，所展現的一種逃避行動。過度化的行動就是終止遊戲逃走，或是把遊戲盤、棋盤推倒。當孩子要逃避的時候，首先要採取應對的行動，這是教育的原則。同時，絕對不允許他們擁有「等一下」的想法，要他們作這樣的心理準備是必要的。當孩子推翻棋盤時，把棋子恢復正確狀態，這是最好的方法。當孩子說「等一下」時，也絕對不要答應。如果親子一起比賽，父母親不要故意退讓，要讓子女從失敗中得到教訓。數度比賽以後，孩子就會知道「等一下」的念頭只能夠藏在腦海中。

心理學家將產生行動的態度分為「衝動型」與「熟慮型」二種。孩子大多是屬於「衝動型」，因此利用遊戲培養仔細思考的習慣，對於培養子女成為熟慮型的人，具有很大的效用。成長為欠缺「應對能力」，屬於衝動型的人，即使在遇到少許的危機時，也無法作適當的處理。如果遭遇到嚴重的挫折，甚至會陷於歇斯底理或神經衰弱的狀態。不論是工作或其他生活範圍內的事，在人類生活的世界中，處處會碰壁。如果無法一一克服困難，就無法自立。在工作中也要「等一下」，就無法生存。

為人父母者不希望培養出這樣的孩子，那麼即使是在玩遊戲的時候，也不要讓孩子「等一下」。

10 要改正孩子任性的習慣，可讓他照顧年紀較小的孩子

最近，年輕的父母經常問我的問題之一是：「想要改正孩子任性的習慣，該怎麼做才好呢？」近年來，自己的要求被接受時，就會表現得像個「好孩子」；但是在要求被拒時，就哭鬧不休的孩子不斷地增加。昔日，這些孩子就是任性的孩子，在良好家庭的教育中，「任性」並不是很好的表現。即使是在孩子的世界中，任性也會被視為是錯誤的表現。

但是，由於近來的家庭中，只有一、二個孩子，父母親能夠陪小孩的時間更多了，也可以說是容易培養出任性孩子的環境。

本來孩子就是相當以自我為主，任性的存在。例如：嬰兒根本不管父母親是否方便，肚

子餓了就要哭，尿布濕了也要哭。但是，嬰兒一再地經歷自己的要求不見得都被接受的體驗，慢慢地成長茁壯，漸漸地使其社會性發達，收回自己的任性。就這一點而言，在子女身上花較多時間的父母親，因為疼愛子女而答應子女的任何要求，這並不是可取的現象。這種做法有助長孩子任性的傾向。

換言之，要改正孩子任性的態度，必須根本地重新調整親子關係才行。同時，也要讓子女客觀的認識自我任性的錯誤，這也是很重要的。以心理療法而言，經常進行的「職務實演教育訓練法」的手法非常有效。所謂「職務實演訓練法」，是藉由扮演某種角色而發現自我，以此為目的，加以訓練的方法。在企業中，對於業務員的教育就經常採取這種手法。例如：讓公司職員扮演業務員與顧客的角色，實際演練銷售的場面。談到演技，這時扮演顧客的人就必須揣摩顧客的心理動態，如此便能活用於自己的銷售中。

另外，喜歡虐待兒童的問題兒，在「職務實演教育訓練法」中扮演被欺負的孩子，因此而改掉粗暴性格的例子也不少。

在教育任性的孩子時，可以利用「職務實演教育訓練法」，讓他照顧年紀較小的孩子。這時，可以若無其事地要求他去做。一旦照顧年紀比自己小的孩子時，孩子就會發現自己的任性是不合道理的。在照顧對方時，即使對方的要求並不合理，也必須配合其要求。遇到對方任性的一面時，就能夠從自己與年紀較小的孩子的關係中，了解到任性會給予周圍的人甚麼的感覺。了解這一點以後，縱使周圍的大人不耳提面命，自然而然地也不再那麼任性了。

11 不以善惡而以損得說服孩子，能使孩子不再任性

人類的行動與判斷幾乎都是以善、惡、損、得的價值標準來決定的。在大人的世界中，所有的行動與判斷都以損得來判定的人，會受到輕視，被譏為是「現實的人」。就這一點而言，孩子也是屬於「現實」的存在，如果不善加利用這特性，就無法培養其修身與道德的教育。

在大人的世界中，損得的「真正心意」與善惡這種「原則」充分調和。但是，有許多狀況是必須用無法計算損得的「損得感情」來決定。這種情況並不是「真正心意」，也不是「原則」。然而，社會上的父母親一談到教育的問題時，總是只討論善惡，而不提損得。我卻認為在教育子女上，親子之間的鴻溝是由於父母親的對應態度所造成的。

想要填滿這鴻溝，摒除孩子的任性要求，訴諸於孩子特有的「損得感情」，這才是捷徑。因為孩子絕不做對自己沒有利的事。一旦知道有利時，就會溫馴地遵從。由此可知，孩子是利己性的，很容易為「損得感情」所左右，只要巧妙地刺激孩子的「損得感情」，就能夠隨心所欲地操縱孩子的感情了。

我在『使孩子聰明的心理作戰』中，曾指出如果想要讓孩子用功，應該要讓孩子去思考用功時的「得」。

例如：想要讓孩子產生記單字的慾望，父母親不要只是對他說：「快點記單字。」只要告訴他，如果學會記單字，就可以看漫畫或看電視，這是一種「得」。這麼一來，孩子就會去做了。

在教育方面，這一點也是不變的。孩子任性地完全不聽父母親所說的話，可以讓他們知道，如果這麼做對自己會造成多大的「損」。

當孩子一意孤行地堅持要某種玩具，或是不肯遵守父母親所說的話，表現得太任性的時候，這時具體顯示出看起來是「得」，可是以長期的眼光來看，卻會造成「損」的例子，也是一個方法。

例如：經常聽父母親所說的話，就會帶他到某個地方去玩或買玩具給他。

由於有此「得」，孩子的任性自然會大為收斂。原本親子關係以廣泛的意義而言，就是透過「損得感情」而成立的。

離開父母親身邊，就無法生存的孩子，一旦父母親不高興的時候，零用錢、飲食等條件都會產生微妙的影響，他們會本能地察覺這一點。

如果隱藏「真正心意」，而只是著重「原則」進行教育，孩子當然會不願意聆聽父母親的說法。透過「真正心意」與「真正心意」的互相衝激，親子間的信賴關係才得以確立，這並非言過其實。

要用「真正心意」來逼迫，或是用「原則」通過，「到底何者才能得到好處」，父母親有必要仔細地考慮周詳。

12 讓子女認識與父母親有不同的人格，可使之免於嬌寵

美國一位名為科迪爾的學者曾經就日本與美國的親子關係進行調查。根據他的研究，日

美最大的不同點，就是日本的母親幾乎都不主動與孩子說話，而美國的母親卻經常主動與孩子談話。

根據這研究成果作一分析，日本的母親具有將孩子當成是自己的化身的傾向。這是值得注意的結論。換言之，她們把孩子視為自己肉體的一部份，認為言語等意思傳達手段都是不必要的，但是撫摸、哄騙、親密的肌膚接觸到達以心傳心的境界，才是真正理想的育兒方法，這是日本母親的想法。

但是，美國的母親即使在面對嬰兒時，也把他當成大人來對待。就這一點而言，由於我實際看過，因此非常了解，看他們的做法似乎有點滑稽。這些父母親在和不諳世事的嬰兒說話時，也以和大人說話時的口氣來對嬰兒說話，而且這種情形到處可見。

日本母親的育兒態度是將子女視為自己的化身，美國母親則是將子女視為獨立的個體，何者會製造出「嬌寵的構造」，相信各位也已經一目瞭然了。

從某一方面看來，像日本的母親一樣，把自己的子女視為自己的化身，這也是無可厚非的。要把十月懷胎，在自己體內的人生出體外，又將之視為獨立的個體，這也不是一件容易的事。

但是，近來卻是由母親本身助長了「化身意識」，因為她們與孩子建立了密不可分的母子關係，這是無可否定的。甚至有的母親因為子女殺人，引以為恥而自殺，這是「化身意識」所造成的。

在母子心中或父子心中，將子女視為與自己一體，這是歐美人無法理解的想法。就這一點而言，美國人在孩子處於嬰兒時期時，就把孩子視為是獨立的個體。前些日子，有一位朋友告訴我，在某一所高中校園內，發現學生持有大麻，於是校長在知道以後，立即通報警察。如果這事發生在我國，恐怕會先通報學生的家長，請家長前來商量對策。但是，在美國卻忽視父母親的存在，把學生視為獨立的個體，追究其責任。

如果要像美國一樣，把孩子教育成不具有嬌寵性格的人，首先父母親在孩子正值襁褓時期，就以獨立的個體視之。

某家雜誌上，刊登了野坂昭如先生和五木寬之先生的對談，五木寬之以他本身的體驗說明，俄羅斯人的家庭對於剛開始學說話的嬰兒，教他的第一句話是說「不」。如果是我國人，都會教「媽媽」，就這一點來看，國人對於孩子的確是有一體同心的感覺。

13 要使孩子「斷奶」，父母親要先從父母親處「斷奶」

當父母親對於子女所作的「過度保護」與親子之間的「嬌寵的構造」被指出時，我認為比任何人都要警戒的是父母親本身，必須要痛定思痛，努力拒絕不致於過度保護的「嬌寵的構造」。但是，詢問社會上的有識之士，卻發現許多母親對於過度保護問題與「嬌寵的構造」顯示出完全無知的表現。這實在是一大謬誤。比任何人更希望自己的孩子成長茁壯的母親，卻作出對孩子會造成傷害的過度保護與疼愛的方式，這並不是很好的辦法。

儘管如此，目前的親子關係儼然存在著過度保護與「嬌寵的構造」，是千真萬確的事情。當然，世間的有識之士所說的父母親的無知，也是原因之一。但是，另外一點就是縱使父母親不打算對子女採取過度保護，斷絕「嬌寵的構造」的心態，仍然會有疏忽的重要素存在。

由這觀點來看，將目前的親子關係當成整個家庭的問題作一評估時，其中一項重大的問題就是與其重視親子關係，還不如重視親與親，也就是對子女而言，父母親與祖父母的關係。經常有人說：「子女是看著父母親的背後而長大的。」在父母親尚未察覺時，由於父母親對自己的父母親顯示出撒嬌的姿態，孩子直覺地掌握了這一點並「學習」。

我早在這之前，就已經注意到這問題。新力公司名譽會長井深大先生的數本著作，與幼兒開發協會有關，舉出數個對孩子的幼少期而言，在父母親眼中看不到的影響力的實例，不只是親子關係，父母本身成長的環境，或是養育父母親的祖父母和父母親現在的關係，對孩子也會造成深厚的影響。

既然已經為人父、為人母，自然必須從自己的父母親那兒獨立出來，並奉養老父、老母，讓他們頤養天年，如此才能培育出非過度保護的子女。但是有的人卻是年紀很大，還無法脫離父母親身邊，不論在精神上與經濟上，仍依賴父母親，這些父母親通常很容易教育出過度保護的子女，這儼然已經成為事實了。

近來，經常被報導的不良問題少年的背後，具有雙重親子關係的陰影也不少。例如：某個例子是已經年過而立之年的父親在面見自己的父母親時，仍表現出有如幼兒期一般，稱呼父母親為「爹地」、「媽咪」。另外，我偶爾從收音機中聽到的說法是，丈夫因為和妻子有所爭執，妻子回到了娘家那兒去，好幾天都沒有回來。於是，丈夫的父母親就打電話到妻子的娘家處理這件事情。換言之，這是父母親本身尚未「斷奶」的典型例子。這裡雖然沒有特別談及孩子的教育問題，但是在夫妻爭吵時，為人夫者故意把妻子的名牌從門上拿下來，或是妻子請求丈夫修電線時，丈夫卻充耳不聞，這種任性的表現當然會培養出任性的子女，像這種具有戀母情結的父親和動不動就回娘家的母親，他們所教育出來的子女，當然會造成許多困擾。

因此，親子關係的「斷奶」必須建立於父母親先「斷奶」的關係上，否則就無法成立。

14 父母親一週應擁有自己的自由時間一次

昔日的父母親在談到子女的教養問題上時，大多會說「都照顧不到」。就現代的親子關係而言，「都照顧不到」的狀態由於以下二個原因，而產生了很大的變化。第一個原因是，母親已經從家事勞動中解放出來。第二個原因則是家庭中，子女的數目減少。由於家事勞動可以電器代勞，母親有了多餘的時間，就可以將注意力傾注於唯一的或二個孩子身上，在這雙重意義之下，母親對子女的照顧已經過度了。這是現代的親子關係之實況。

不知是幸抑或不幸，「照顧過度」的狀態未必都會具有正面的影響。以父母親這一方面來看，過度照顧孩子會產生看不清子女真正面貌的弊端，能夠在子女身上有新發現的人已經很少了。就子女這一方面而言，任何事情都在父母親的監視下進行，一方面會感到彆扭，另一方面則會感受到父母親的庇護。

從自由闊達與獨立性的觀點來看，都是造成負面影響的要因。

就這意義而言，現代的父母親與昔日的父母親之差異，在於無法真正注意到子女。換言之，由於只注意子女的表面，因此無法達到真正意義上的「注意」。

要斬斷親子關係的這種矛盾現象，就必須積極地創造父母親與子女分開的時間。要從以往以子女為主的生活中，突然變得不要太在意子女，離開子女，恐怕會有人一時難以辦到。不過，卻可以從生活的型態上著手改變。

我的朋友，他們夫妻倆只生了一個小孩，與父母親同住，因此父母親與祖父母所有的注意力都傾注於孩子身上。祖父和父親要外出工作，感覺到大人的注意力過度的祖母則到鎮上的老人俱樂部去，積極地參加活動。等到孩子稍微大一點以後，也建議母親外出工作。可能是因為這緣故，這孩子看起來非常獨立，不會顯得任性而愛撒嬌，是個很活潑的孩子。

父母親的激勵能使孩子獨立 9

父母親在一週中，應離開子女身邊一次，要擁有屬於自己的時間。

即使是只有父母親和孩子同住的小家庭，母親應該一週有一次離開子女的自由時間。一星期中，挪出一天來，做自己感興趣的事情，可以製造出外訪友的機會。即使不外出，也可以在家中做一些自己想做的事或閱讀，製造屬於自己的時間，有助於斷絕子女與母親「過於注意」的關係。

15 以大人的話語對應幼兒語

關於孩子的話，我抱持的疑問之一為父母親過度使用幼兒語。當然，在嬰兒期的孩子終於說出了一些單字時，父母親自然會感到欣喜若狂。從毫無意義的喃喃自語，到配合幼兒的語氣，說一些單字，孩子能夠發出聲音的喜悅，以及透過聲音可以溝通的感覺的體會，能夠逐漸培養出語言能力。這一段時期非常重要。因此，在這時期，即使沒有意義也沒有關係，父母親要經常和孩子說話，這是大家已經知道的事了。

但是，如果幼兒經常口齒不清地說話，而父母親也配合孩子的步調，這種做法在言語的教育上，會產生問題。尤其是我國的家庭是幼兒語豐富使用的國家，這並不是很好的例子。

當然，經常使用幼兒語的父母親，在無意識中，可能希望孩子永遠這麼可愛而天真。極端的例子是，由幼稚園至小學畢業的年齡，父母親模仿孩子的語氣，說一些口齒不清的話。結果，等到步入少年期以後，這些孩子仍然說一些口齒不清的話，而被朋友笑稱為「嬰兒」，甚至出現了這一類例子。

此外，國人通常很難將自己的想法用言語表達出來，很可能是因為從幼兒期的遣詞用句中脫離得較遲，無法從小時候就培養出與他人良好溝通的說話方式所致。

因此，父母親不要配合孩子遣詞用字的步調，要儘早使用大人的話語與他談話，積極地引領孩子。

換言之，除了不要使用幼兒語以外，也要注意不要犯下文法上錯誤的使用方法，或是對長者使用敬語的方法，如有錯誤，都要予以矯正。

當然，父母親在和親友說話的時候，也不要忘記使用正確的話語，這也是很重要的。因為子女都會透過模仿父母親，而學會說話的方式，這是理所當然的。而且，話語並非僅由一人使用，而是與他人溝通的手段，這是必須要注意的一點。

再加上人際關係的平衡或各種條件，而向對方說話。就這一點而言，大人和小孩是一樣的。因此，如果是在事後才提醒孩子言語上的錯誤使用或需要注意的事項，恐怕孩子會無法與當時的狀況連在一起。

如果孩子在遣詞用字句不順暢，不要嘮嘮叨叨地指責他，可以用悠閑的態度提醒他注意，或是親身示範，自然地培養孩子說正確話語的能力，藉此也可以培養孩子的社會性與學習人際關係的基礎，所以不要忽視語言教育的作用。

16 為了不使子女撒嬌，應避免為子女貼上「獨子」或「奶奶的孫子」的標籤

最近，備受議論的高中教育，不論老師再怎麼努力，有時也會覺得無能為力。一些被稱之為三流學校的學校，學生們由於認為自己是到三流學校就讀，因此在一開始時就喪失了學習的意願。就讀的學校被貼上一流學校、二流學校或三流學校的標籤，成為學生心中的陰影，感到非常難過，你是否也在子女身上做了類似的事情呢？

有許多父母親在子女身上貼上「獨子」或「奶奶的孫子」等標籤，雖然父母親並非刻意

如此，但是在現實生活中，不知不覺地這麼做的父母親卻相當多。例如：每次在客人面前談及子女的時候，國人通常是表現出謙虛的態度，即使因自己的子女而感到驕傲，也會說：「因為他是獨子嘛，有時候會愛撒嬌，這也真是沒辦法。」大多數的父母親都會這麼說。當然，說話的本人並不是因為他不好，只不過是親情的反應表現而已。

對於這固定的型態，是無法加以否定的。但是，身為「獨子」的孩子，又會怎麼想呢？也許，他會認為「這孩子真是愛撒嬌」的謙虛表現具有另外的含意，即「這麼做也無妨」，含有一種肯定撒嬌的意義在內。對母親而言，撒嬌的孩子當然會受到她的疼愛，因為她們下意識地害怕待孩子成長以後，就不再向自己撒嬌了。這時，這種深層心理以「因為他是獨子嘛，有時候會愛撒嬌」來表現，然而孩子卻很敏感，會掌握住父母親的心態。

當然，這是在客人面前謙虛的說法，但是在日常生活中，很可能也會不知不覺地說溜了嘴。重複發生幾次以後，孩子也在下意識中為自己貼上「獨子」的標籤。這時，就會產生一種偏向於父母親說法的表現傾向。就如先前所舉出的三流學校學生的例子，孩子也會產生「反正我是獨子嘛」的心態，而表現出撒嬌的傾向。

即使不是為孩子貼「獨子」的標籤，如果用「奶奶的孫子」、「愛撒嬌的孩子」等等表現的字眼來形容自己的孩子，就會貼上助長孩子撒嬌的標籤。要避免使孩子產生撒嬌的心態，就要注意不要以這些稱呼來稱孩子。想要斷絕子女的撒嬌心態，以堵住心理上的逃避場所為先決條件。

17 避免使用「媽媽不好」之類的話

前些日子，我在某家幼稚園前看到一位母親頭趴在地上，向孩子低頭。我感到非常詫異，因此詢問在那附近的母親有關其詳情。詢問之下，才知道這位母親延遲了接孩子回家的時間，因此向孩子道歉。即使到了這年齡，也很少向父母親低頭認錯的我，感覺到父母親的威嚴蕩然無存，令我無限感慨。這光景在國內已經屢見不鮮了。

最近的為人父母者，不僅是母親，連父親也有向孩子道歉的「習慣」。孩子無法讀書，或無法購買喜歡的玩具，或是忘了帶東西到學校去，乃至做錯了習題等等，全都認為是父母親的不好，而向子女道歉。

這麼一來，孩子在家中就像是一個專制的君主一般，到底為甚麼父母親凡事都要負責任呢？難道父母親做了很「嚴重的事情」，必須要向子女道歉嗎？我認為最近的父母親與昔日的父母相比，並沒有到達不負責任，而必須向子女道歉的地步。

我認為即使是父母親的不對，也不應該向子女道歉，說是「媽媽不好」之類的話，或是表現出為人父母者強烈的責任感，因為這麼一來，親子之間會產生一種強烈的朋友意識。子女向父母親撒嬌，父母親向子女道歉的行為，看起來像是朋友之間的關係，實際上卻是非常危險的徵兆。

說服的技巧之一，就是與「對立者」之間建立緊密的關係，首先是要遵守向對方道歉的鐵則，也就是要向對方先道歉，如：「也許是我錯了……。」要讓對方在心理上佔優勢。這麼一來，就能建立與對立者之間的朋友意識，在心理上處於同一水準上，然後開始談話，在這階段中就能展開說服的作業，以達到目的。

先前的道歉行為是將對方視為對立者，試圖與對立者之間建立朋友意識，由於這種深層心理而採取道歉的態度，這是無法否定的。

發生交通意外事故時，在還未追究責任歸屬問題時，先道歉的那一方就已經居於下風了。那是因為道歉的行為會使對立者之間的關係產生一種朋友意識，使意外事故的責任變得曖昧。

總之，父母親向子女道歉的行為，就是顯示親子之間的一種「撒嬌關係」，也可以解釋為父母親將子女，子女將父母親視為對立者。如果父母親經常將事情的責任攬在自己身上，向孩子說是「都是我不好」，放任子女撒嬌，這種做法會使子女將父母親視為是對立者，有時候會發生弒父或弒母的慘劇。

母親向子女道歉，說是「媽媽不好」的心理作戰，我認為不但不能使親子關係順利發展，反而會產生反效果。對方只是個不懂事的孩子，父母親為了討子女歡心，竟然下降至與子女同等的程度，製造心理上對等的關係，想要以此來說服孩子，但是，卻不見得會產生好的結果。

在教育上，首先要注意的事是親子之間不能建立朋友關係，也不能成為對立者。一旦父母親做出向子女道歉的行為，就會使親子關係在本來的意義上大打折扣，培養出任何責任都認為應該由父母親擔負，責任感較為薄弱的孩子，並將父母親視為是對立者，而表現出反抗的態度。

18 孩子打架時，父母親不應插手干涉

當孩子打架時，趕到現場的父母親到底作何感想呢？笠信太郎的『對於事物的看法』中，有這樣的說法。

美國人會連碰都不碰孩子的一根手指，而袖手在旁觀戰。法國人在看了一會兒以後，則會把孩子拉開，讓他們進行口角爭吵。日本人則會努力進行仲裁。

雖然粗魯的男子很少，但是想要尋求新天地，開拓荒野的美國人，對於任何事情都要求其合理性。明哲保身的法國人與講究以和為貴的日本人，在處理孩子打架的事情上，其民族性表露無遺。

但是，以教育孩子的觀點來看，國人「以和為貴」的做法未免太過深入於孩子的世界中了。實際上，長大成人以後，在狹小的國境中，要互相禮讓、生存，藉此體會「和」的智慧的國人，在孩提時代互相打架是家常便飯。父母親無需神經質地予以仲裁。

但是，近來有人說很少看到孩子打架的情況出現，而大多是一群父母親圍在孩子身邊，

要他們不要打架。結果，使孩子不諳打架的方法，最近甚至傳出孩子在打架中殺人的事件。在我們孩提時代時，如果在打架時對方是徒手，我方也一定徒手，絕對不以多欺少，也不會告訴大人，這都是不成文的規則。對於不諳打架方法的現代小孩而言，情況愈演愈烈，到達無法制止的地步，實在令人感到遺憾。

父母親之所以介入仲裁，可能是因為疼愛孩子，或是害怕自己的小孩傷害到他人的孩子，理由各異，但是在打架方面，對於孩子的心理發達，卻具有重大的意義。奪去如此的寶貴機會，卻在那兒議論殺人事件等等，在此之前，希望各位能深入考慮一下。

那是因為孩子在打架中，找出配合各個年齡的解決方法，也就是孩子必須使用頭腦，找出妥協點，如此才能培養其社會性與協調性。父母親在中途插手制止，就會妨礙孩子在未來發展協調又良好的人際關係。

尤其是年輕的母親會制止孩子打架，但是孩子透過打架，可以了解到自己的要求並非能隨心所欲，而且具有利害相爭的對手的存在，這是絕佳的認識機會。

德國作家漢斯‧卡洛沙在『童年』這部作品中，提及少年時代的他，因為服裝問題而和同學起了衝突，這時他的母親慫恿他說出對方的名字，但是他並不希望對方受到懲罰，而是

父母親的激勵能使孩子獨立 10

對於孩子的爭執，父母親不要介入其中，只要做一個客觀的觀衆就可以了。

希望加入他們的行列中，因此不願意告訴母親。換言之，父母親的想法與孩子並不相同，如果父母親介入孩子的爭執中，就無法擺平這些場面。

如果父母親因為孩子打架，放任不管而感到不安時，可以站在「裁判員」或「觀衆」的立場，只要沒有發生危險，就觀察情況任由他們打架，這是為人父母者應有的態度。

讓孩子靠自己的力量面對困難，獨自去找出解決的方法，這才是培養孩子的獨立心絕佳的訓練機會。

19 父母親和孩子搭乘公車時，不要太在意座位

父母親和子女一起乘車時，也是教育子女的好機會。在休假日的早上，乘車到郊外去，一些精力永遠無窮的小學生競相爭取座位，也可以看到一些父母親忙著為孩子找座位。更甚者會站在其他乘客面前，請他們讓位給小孩，或是有一些父母親會因為沒有座位，而和孩子一起發牢騷。

我曾經讓位給因為長途旅行，疲憊得站著睡著的親子。就一般情況而言，如果孩子已經

快上小學，最好讓他在車上站立。也許，有人會認為，車上有那麼多的座位，為甚麼一定要站著呢？不過，對孩子而言，在日常生活中，乘車是較不易接觸到的公共場合，可以說是斷絕孩子撒嬌關係的絕佳教育場所。在歐洲，即使是王侯貴族，具有好家世的子弟，據說在車上養成站立的習慣是理所當然的。這也可以讓我們了解到父母親在教育方面，連細微處也注意到的顧慮。也可以說尚未長大成人，不能像大人一樣乘車付費的孩子，沒有座位是理所當然的。徹底地執行社會規則，正値發育期的孩子，藉此可以鍛鍊身體的平衡感與足腰，像這樣的認識早已深入社會。

在我國，雖然無法做到這地步，但是為了儘早切斷孩子向大人撒嬌的臍帶，最好是讓他們在車上學習站立，這是非常好的機會。更理想的是，當孩子想坐時，不要叱責他，叫他站起來，而是在一開始時，不要讓孩子產生要坐下來的姑息心態。

最有效的方法是，父母親本身在平日不要對座位抱持關心度。只要父母親不坐，孩子也不會想要坐。如果父母親佯裝不知，孩子也不會敢開口說要坐。透過這些體驗，孩子自然就會知道上了車，不一定要有座位坐。

讓孩子了解站立是理所當然的事，可以透過親子之間的談話表示對孩子的關心度，在搖晃的車子裡，可以互相比賽，看誰能站得較穩，這都是很好的輔助手段。當然，如果是長時間乘車，則又另當別論。如果乘車時間大約只有二、三十分鐘，站著應該不會很痛苦，並且也要讓孩子養成習慣。

20 孩子表示走不動時，不要揹他或抱他，要當場休息

人類在遇到困難時，處理的態度有三種。第一種態度是自己面對挑戰，自行克服難題。第二種是依賴他人解決，第三種則是將命運委任於天，表現出若無其事的態度。與「嬌縱的構造」有關的，當然是後二者。那是無法克服難題、逃避問題、委任於他人、歸咎於命運的態度。

這三大分類也適用於孩子的身上，幼小的孩子幾乎都是屬於第二種的依賴他人型。甫出世的嬰兒當然必須依賴父母親才能生存，但是隨著年齡的增長，逐漸成長為具有獨立心的人類，要使這些訓練具有效果，才會具備教育的功能。

由此可知，父母親必須培養出不具有依賴心態的孩子，而且要故意讓孩子自己去面對困

難，使他們擁有面對挑戰的勇氣。觀察飛禽走獸，會發現父母親會在子女成長到某一種程度以後，就會以人類的眼光看來有點粗魯的做法，放任孩子不管，讓他們自己努力站起來。這雖然是本能的行動，但是也是嚴苛的教育。

然而，人類在孩子即使會走路的時候，只要孩子表示已經「累得走不動了」，父母親就會覺得孩子很可憐，而揹他或抱他。此外，當孩子揹東西時，也會有相同的做法。人類為了免去勞苦，而獲得肉體上的輕鬆，因此文明才得以發展。但是，即使現在身處於有電梯、車輛等便利交通工具的時代，也還是要鍛鍊孩子，多活動筋骨。

天下父母心，在父母親看到孩子「走不動了」的時候，還要勉強孩子繼續走，這是不可能的。這時，不要抱他或是幫他拿東西，至少要讓他休息，恢復體力，在一旁等待，這是最好的方法。這種做法可以避免孩子產生逃避的心態，休息就是為了打算超越障礙的準備。

當孩子一嚷累，就出面為他解決問題的話，恐怕情況會愈演愈烈，而成為一種惡習。重複數次以後，就會避開一切令他感到難受的事情，就會培養出一切都交由他人去做的孩子。更糟糕的是，有的父母親會在孩子還沒有覺得累以前，就問孩子：「要不要我揹你呢？」

以我本身的經驗而言，在我就讀小學低年級，每年夏天到海邊做海水浴的時候，要從千葉縣的森谷海岸一直走到興津的城鎮。對大人而言，這距離算不了甚麼，但是我卻必須走完這二公里路，而且父親在當時不願意揹我。結果，我只好靠自己的力量，一邊休息，一邊走完全程。數次以後，終於不必休息就可以一口氣走到目的。

21 把「很痛吧？」改以「不痛吧？」來詢問孩子

聽一些母親和孩子說話，經常可以聽到類似以下的說法，如「很痛吧？」、「頭痛不痛呢？」、「有沒有發燒呢？」等類的話語。例如：孩子在路上玩，不小心跌倒時，飛奔過來的母親一邊抱起孩子，一邊說道：「很痛吧？不要緊吧？」當孩子不像平常那麼具有元氣時，母親會很關切地問道：「是不是頭痛了呢？」

但是，平日這些若無其事的說法，卻是造成孩子撒嬌的原因之一。我這麼說，也許有很多母親會感到驚訝吧！因為如果採用「很痛吧！」、「頭痛不痛呢？」的問法，孩子也會說：「嗯，很痛。」

以心理學的觀點而言，問法的不同也會左右對方的答案，這是個事實。拿看不出是男性或女性的圖形給某人看，如果問「你看這是甚麼呢？」或是「你看這是女性嗎？」這二個問題將會產生迥異的回答。後者的問題，以「這是女性的姿態」的答案佔壓倒性多數。

最重要的是，在跌倒時，即使真的不會感到疼痛，父母親在提出這問題時，似乎就在強制孩子說「很痛」。

當採取這樣的詢問方式時，即使孩子本來打算忍耐些許的疼痛，可是由於父母親的說話方式，而讓他產生了撒嬌的心態。而且，食髓知味以後，即使一點也不覺得痛，卻會說很痛，因為想得到父母親的關注，硬是說很痛。

那麼，父母親為何要採用誘導孩子撒嬌的說法呢？其實，這也反映了他們無意識的心理。父母親雖然希望嚴格地教育孩子，但是其中卻隱藏著疼愛孩子的心意。

問孩子「很痛吧？」這說法其實是希望子女說很痛，這是父母親無意識的心理表現，也可以說是「誘導詢問」的方式。

一旦父母親表現出這種態度時，子女立刻能看穿父母親的弱點，這也是無可厚非的。因此，這時候不要說「很痛吧？」而要說「不痛吧？」以這樣的形式來詢問較好。要根絕孩子撒嬌的心態，平常的遣詞用字也要注意，這是很重要的。

22 孩子面臨窘境時，佯裝不知是很重要的

某位實業家在就讀小學時，父母親叫他到遠處朋友家去。但是由於要帶的東西很多，父母親在前一天畫好了已交給他的地圖，以及中途要搭火車，裝在袋子裡的錢都忘了帶。當他走了一里，也就是現在四公里的路到達車站時，才察覺到這一點，但是已經太遲了，沒有時間回家去。他想，父母親很可能發現他忘了帶的東西，會從後面追趕而來也說不定，所以他一直在火車站那兒等。可是，父母親卻沒有來，在無計可施的情況下，他來到火車站前的收破爛店。因為他曾有好幾次看到父母親來這裡，賣掉家中不需要用的東西換金錢。於是，他在那兒想著，身上到底有哪一些東西較值錢，終於脫下了鞋子換了錢，到達目的地。

當時的小孩大多赤著腳玩遊戲，因此看到他的大人和小孩並不會產生抵抗感。但是，朋友卻感到非常驚訝，不但借給他錢，還和他一起到火車站前的收破爛店去，用錢把鞋子換回來。

詢問以前的父母親，會發現類似這樣的情況非常多。但是，考慮到今日的親子關係時，

卻讓人感覺到這是不容忽視的問題。如果是現代的父母親，遇到上述的情況時，會怎麽做呢？現代的父母親一旦發現孩子忘了東西，一定會匆匆忙忙地把東西送到，絕不讓孩子為難。然而，故事中的父母親卻認為孩子遇到這種情況時，會自己回來，否則只要多下點工夫，就能夠到達目的地。因此，絲毫不為所動。也許，故事中的父母親是考慮到自己平日教育子女的方式，而這位少年能夠靠自己的力量打破僵局，通過這考驗，當然能使他在父母親的庇護下，向前躍進一步。

總之，現代的父母親總是要插手解救孩子的危機，這並不是可取的做法。孩子到外面去玩，正好下起雨來，父母親便拿著傘去接孩子，這是最不好的做法。在人生的旅途上，開始獨自前行的孩子，到底會遇到甚麽樣的危機，我們也不得而知。在孩子這一生的旅途上，有許多父母親不知道的困窘場面在等待著他。儘管如此，偶爾下雨，知道孩子會淋濕，就立即拿著傘去接孩子，無疑是剝奪了孩子靠自己的力量克服危機的機會。

父母親的這種教育態度，會孕育出面臨危機就等待救助的「嬌寵構造」的孩子，所以即使孩子面臨危機，只要不是重大者，應該故意佯裝不知，這也是切斷孩子撒嬌心理的必要措施。

大展出版社有限公司	圖書目錄
地址：台北市北投區11204 致遠一路二段12巷1號 郵撥： 0166955～1	電話：(02) 8236031 8236033 傳眞：(02) 8272069

• 法律專欄連載 • 電腦編號 58

台大法學院 法律學系／策劃
法律服務社／編著

①別讓您的權利睡著了[1]	200元
②別讓您的權利睡著了[2]	200元

• 秘傳占卜系列 • 電腦編號 14

①手相術	淺野八郎著	150元
②人相術	淺野八郎著	150元
③西洋占星術	淺野八郎著	150元
④中國神奇占卜	淺野八郎著	150元
⑤夢判斷	淺野八郎著	150元
⑥前世、來世占卜	淺野八郎著	150元
⑦法國式血型學	淺野八郎著	150元
⑧靈感、符咒學	淺野八郎著	150元
⑨紙牌占卜學	淺野八郎著	150元
⑩ＥＳＰ超能力占卜	淺野八郎著	150元
⑪猶太數的秘術	淺野八郎著	150元
⑫新心理測驗	淺野八郎著	160元

• 趣味心理講座 • 電腦編號 15

①性格測驗１	探索男與女	淺野八郎著	140元
②性格測驗２	透視人心奧秘	淺野八郎著	140元
③性格測驗３	發現陌生的自己	淺野八郎著	140元
④性格測驗４	發現你的真面目	淺野八郎著	140元
⑤性格測驗５	讓你們吃驚	淺野八郎著	140元
⑥性格測驗６	洞穿心理盲點	淺野八郎著	140元
⑦性格測驗７	探索對方心理	淺野八郎著	140元
⑧性格測驗８	由吃認識自己	淺野八郎著	140元
⑨性格測驗９	戀愛知多少	淺野八郎著	140元

⑩性格測驗10	由裝扮瞭解人心	淺野八郎著	140元
⑪性格測驗11	敲開內心玄機	淺野八郎著	140元
⑫性格測驗12	透視你的未來	淺野八郎著	140元
⑬血型與你的一生		淺野八郎著	140元
⑭趣味推理遊戲		淺野八郎著	160元
⑮行爲語言解析		淺野八郎著	160元

・婦 幼 天 地・電腦編號16

①八萬人減肥成果	黃靜香譯	180元
②三分鐘減肥體操	楊鴻儒譯	150元
③窈窕淑女美髮秘訣	柯素娥譯	130元
④使妳更迷人	成 玉譯	130元
⑤女性的更年期	官舒姸編譯	160元
⑥胎內育兒法	李玉瓊編譯	150元
⑦早產兒袋鼠式護理	唐岱蘭譯	200元
⑧初次懷孕與生產	婦幼天地編譯組	180元
⑨初次育兒12個月	婦幼天地編譯組	180元
⑩斷乳食與幼兒食	婦幼天地編譯組	180元
⑪培養幼兒能力與性向	婦幼天地編譯組	180元
⑫培養幼兒創造力的玩具與遊戲	婦幼天地編譯組	180元
⑬幼兒的症狀與疾病	婦幼天地編譯組	180元
⑭腿部苗條健美法	婦幼天地編譯組	150元
⑮女性腰痛別忽視	婦幼天地編譯組	150元
⑯舒展身心體操術	李玉瓊編譯	130元
⑰三分鐘臉部體操	趙薇妮著	160元
⑱生動的笑容表情術	趙薇妮著	160元
⑲心曠神怡減肥法	川津祐介著	130元
⑳內衣使妳更美麗	陳玄茹譯	130元
㉑瑜伽美姿美容	黃靜香編著	150元
㉒高雅女性裝扮學	陳珮玲譯	180元
㉓蠶糞肌膚美顏法	坂梨秀子著	160元
㉔認識妳的身體	李玉瓊譯	160元
㉕產後恢復苗條體態	居理安・芙萊喬著	200元
㉖正確護髮美容法	山崎伊久江著	180元
㉗安琪拉美姿養生學	安琪拉蘭斯博瑞著	180元
㉘女體性醫學剖析	增田豐著	220元
㉙懷孕與生產剖析	岡部綾子著	180元
㉚斷奶後的健康育兒	東城百合子著	220元

・青 春 天 地・電腦編號 17

①A血型與星座	柯素娥編譯	120元
②B血型與星座	柯素娥編譯	120元
③O血型與星座	柯素娥編譯	120元
④AB血型與星座	柯素娥編譯	120元
⑤青春期性教室	呂貴嵐編譯	130元
⑥事半功倍讀書法	王毅希編譯	150元
⑦難解數學破題	宋釗宜編譯	130元
⑧速算解題技巧	宋釗宜編譯	130元
⑨小論文寫作秘訣	林顯茂編譯	120元
⑪中學生野外遊戲	熊谷康編著	120元
⑫恐怖極短篇	柯素娥編譯	130元
⑬恐怖夜話	小毛驢編譯	130元
⑭恐怖幽默短篇	小毛驢編譯	120元
⑮黑色幽默短篇	小毛驢編譯	120元
⑯靈異怪談	小毛驢編譯	130元
⑰錯覺遊戲	小毛驢編譯	130元
⑱整人遊戲	小毛驢編著	150元
⑲有趣的超常識	柯素娥編譯	130元
⑳哦！原來如此	林慶旺編譯	130元
㉑趣味競賽100種	劉名揚編譯	120元
㉒數學謎題入門	宋釗宜編譯	150元
㉓數學謎題解析	宋釗宜編譯	150元
㉔透視男女心理	林慶旺編譯	120元
㉕少女情懷的自白	李桂蘭編譯	120元
㉖由兄弟姊妹看命運	李玉瓊編譯	130元
㉗趣味的科學魔術	林慶旺編譯	150元
㉘趣味的心理實驗室	李燕玲編譯	150元
㉙愛與性心理測驗	小毛驢編譯	130元
㉚刑案推理解謎	小毛驢編譯	130元
㉛偵探常識推理	小毛驢編譯	130元
㉜偵探常識解謎	小毛驢編譯	130元
㉝偵探推理遊戲	小毛驢編譯	130元
㉞趣味的超魔術	廖玉山編著	150元
㉟趣味的珍奇發明	柯素娥編著	150元
㊱登山用具與技巧	陳瑞菊編著	150元

・健 康 天 地・電腦編號 18

①壓力的預防與治療	柯素娥編譯	130元
②超科學氣的魔力	柯素娥編譯	130元
③尿療法治病的神奇	中尾良一著	130元
④鐵證如山的尿療法奇蹟	廖玉山譯	120元
⑤一日斷食健康法	葉慈容編譯	120元
⑥胃部強健法	陳炳崑譯	120元
⑦癌症早期檢查法	廖松濤譯	160元
⑧老人痴呆症防止法	柯素娥編譯	130元
⑨松葉汁健康飲料	陳麗芬編譯	130元
⑩揉肚臍健康法	永井秋夫著	150元
⑪過勞死、猝死的預防	卓秀貞編譯	130元
⑫高血壓治療與飲食	藤山順豐著	150元
⑬老人看護指南	柯素娥編譯	150元
⑭美容外科淺談	楊啟宏著	150元
⑮美容外科新境界	楊啟宏著	150元
⑯鹽是天然的醫生	西英司郎著	140元
⑰年輕十歲不是夢	梁瑞麟譯	200元
⑱茶料理治百病	桑野和民著	180元
⑲綠茶治病寶典	桑野和民著	150元
⑳杜仲茶養顏減肥法	西田博著	150元
㉑蜂膠驚人療效	瀨長良三郎著	150元
㉒蜂膠治百病	瀨長良三郎著	180元
㉓醫藥與生活	鄭炳全著	180元
㉔鈣長生寶典	落合敏著	180元
㉕大蒜長生寶典	木下繁太郎著	160元
㉖居家自我健康檢查	石川恭三著	160元
㉗永恒的健康人生	李秀鈴譯	200元
㉘大豆卵磷脂長生寶典	劉雪卿譯	150元
㉙芳香療法	梁艾琳譯	160元
㉚醋長生寶典	柯素娥譯	180元
㉛從星座透視健康	席拉・吉蒂斯著	180元
㉜愉悅自在保健學	野本二士夫著	160元
㉝裸睡健康法	丸山淳士等著	160元
㉞糖尿病預防與治療	藤田順豐著	180元
㉟維他命長生寶典	菅原明子著	180元
㊱維他命C新效果	鐘文訓編	150元
㊲手、腳病理按摩	堤芳郎著	160元
㊳AIDS瞭解與預防	彼得塔歇爾著	180元
㊴甲殼質殼聚糖健康法	沈永嘉譯	160元
㊵神經痛預防與治療	木下眞男著	160元
㊶室內身體鍛鍊法	陳炳崑編著	160元

㊷吃出健康藥膳	劉大器編著	180元
㊸自我指壓術	蘇燕謀編著	160元
㊹紅蘿蔔汁斷食療法	李玉瓊編著	150元
㊺洗心術健康秘法	竺翠萍編譯	170元
㊻枇杷葉健康療法	柯素娥編譯	180元
㊼抗衰血癒	楊啟宏著	180元

•實用女性學講座•電腦編號 19

①解讀女性內心世界	島田一男著	150元
②塑造成熟的女性	島田一男著	150元
③女性整體裝扮學	黃靜香編著	180元
④女性應對禮儀	黃靜香編著	180元

•校 園 系 列•電腦編號 20

①讀書集中術	多湖輝著	150元
②應考的訣竅	多湖輝著	150元
③輕鬆讀書贏得聯考	多湖輝著	150元
④讀書記憶秘訣	多湖輝著	150元
⑤視力恢復！超速讀術	江錦雲譯	180元

•實用心理學講座•電腦編號 21

①拆穿欺騙伎倆	多湖輝著	140元
②創造好構想	多湖輝著	140元
③面對面心理術	多湖輝著	160元
④偽裝心理術	多湖輝著	140元
⑤透視人性弱點	多湖輝著	140元
⑥自我表現術	多湖輝著	150元
⑦不可思議的人性心理	多湖輝著	150元
⑧催眠術入門	多湖輝著	150元
⑨責罵部屬的藝術	多湖輝著	150元
⑩精神力	多湖輝著	150元
⑪厚黑說服術	多湖輝著	150元
⑫集中力	多湖輝著	150元
⑬構想力	多湖輝著	150元
⑭深層心理術	多湖輝著	160元
⑮深層語言術	多湖輝著	160元
⑯深層說服術	多湖輝著	180元
⑰掌握潛在心理	多湖輝著	160元

⑱洞悉心理陷阱	多湖輝著	180元

• 超現實心理講座 • 電腦編號 22

①超意識覺醒法	詹蔚芬編譯	130元
②護摩秘法與人生	劉名揚編譯	130元
③秘法！超級仙術入門	陸　明譯	150元
④給地球人的訊息	柯素娥編著	150元
⑤密教的神通力	劉名揚編著	130元
⑥神秘奇妙的世界	平川陽一著	180元
⑦地球文明的超革命	吳秋嬌譯	200元
⑧力量石的秘密	吳秋嬌譯	180元
⑨超能力的靈異世界	馬小莉譯	200元

• 養 生 保 健 • 電腦編號 23

①醫療養生氣功	黃孝寬著	250元
②中國氣功圖譜	余功保著	230元
③少林醫療氣功精粹	井玉蘭著	250元
④龍形實用氣功	吳大才等著	220元
⑤魚戲增視強身氣功	宮　嬰著	220元
⑥嚴新氣功	前新培金著	250元
⑦道家玄牝氣功	張　章著	200元
⑧仙家秘傳袪病功	李遠國著	160元
⑨少林十大健身功	秦慶豐著	180元
⑩中國自控氣功	張明武著	250元
⑪醫療防癌氣功	黃孝寬著	250元
⑫醫療強身氣功	黃孝寬著	250元
⑬醫療點穴氣功	黃孝寬著	220元
⑭中國八卦如意功	趙維漢著	180元
⑮正宗馬禮堂養氣功	馬禮堂著	420元

• 社會人智囊 • 電腦編號 24

①糾紛談判術	清水增三著	160元
②創造關鍵術	淺野八郎著	150元
③觀人術	淺野八郎著	180元
④應急詭辯術	廖英迪編著	160元
⑤天才家學習術	木原武一著	160元
⑥猫型狗式鑑人術	淺野八郎著	180元
⑦逆轉運掌握術	淺野八郎著	180元

⑧人際圓融術　　澀谷昌三著　160元
⑨解讀人心術　　淺野八郎著　180元
⑩與上司水乳交融術　　秋元隆司著　180元

•精 選 系 列• 電腦編號 25

①毛澤東與鄧小平　　渡邊利夫等著　280元
②中國大崩裂　　江戶介雄著　180元
③台灣•亞洲奇蹟　　上村幸治著　220元
④7-ELEVEN高盈收策略　　國友隆一著　180元
⑤台灣獨立　　森　詠著　200元
⑥迷失中國的末路　　江戶雄介著　220元
⑦2000年5月全世界毀滅　　紫藤甲子男著　180元

•運 動 遊 戲• 電腦編號 26

①雙人運動　　李玉瓊譯　160元
②愉快的跳繩運動　　廖玉山譯　180元
③運動會項目精選　　王佑京譯　150元
④肋木運動　　廖玉山譯　150元
⑤測力運動　　王佑宗譯　150元

•銀髮族智慧學• 電腦編號 28

①銀髮六十樂逍遙　　多湖輝著　170元
②人生六十反年輕　　多湖輝著　170元

•心 靈 雅 集• 電腦編號 00

①禪言佛語看人生　　松濤弘道著　180元
②禪密教的奧秘　　葉逯謙譯　120元
③觀音大法力　　田口日勝著　120元
④觀音法力的大功德　　田口日勝著　120元
⑤達摩禪106智慧　　劉華亭編譯　150元
⑥有趣的佛教研究　　葉逯謙編譯　120元
⑦夢的開運法　　蕭京凌譯　130元
⑧禪學智慧　　柯素娥編譯　130元
⑨女性佛教入門　　許俐萍譯　110元
⑩佛像小百科　　心靈雅集編譯組　130元
⑪佛教小百科趣談　　心靈雅集編譯組　120元
⑫佛教小百科漫談　　心靈雅集編譯組　150元

⑬佛教知識小百科	心靈雅集編譯組	150元
⑭佛學名言智慧	松濤弘道著	220元
⑮釋迦名言智慧	松濤弘道著	220元
⑯活人禪	平田精耕著	120元
⑰坐禪入門	柯素娥編譯	120元
⑱現代禪悟	柯素娥編譯	130元
⑲道元禪師語錄	心靈雅集編譯組	130元
⑳佛學經典指南	心靈雅集編譯組	130元
㉑何謂「生」　阿含經	心靈雅集編譯組	150元
㉒一切皆空　般若心經	心靈雅集編譯組	150元
㉓超越迷惘　法句經	心靈雅集編譯組	130元
㉔開拓宇宙觀　華嚴經	心靈雅集編譯組	130元
㉕真實之道　法華經	心靈雅集編譯組	130元
㉖自由自在　涅槃經	心靈雅集編譯組	130元
㉗沈默的教示　維摩經	心靈雅集編譯組	150元
㉘開通心眼　佛語佛戒	心靈雅集編譯組	130元
㉙揭秘寶庫　密教經典	心靈雅集編譯組	130元
㉚坐禪與養生	廖松濤譯	110元
㉛釋尊十戒	柯素娥編譯	120元
㉜佛法與神通	劉欣如編著	120元
㉝悟（正法眼藏的世界）	柯素娥編譯	120元
㉞只管打坐	劉欣如編著	120元
㉟喬答摩・佛陀傳	劉欣如編著	120元
㊱唐玄奘留學記	劉欣如編著	120元
㊲佛教的人生觀	劉欣如編譯	110元
㊳無門關（上卷）	心靈雅集編譯組	150元
㊴無門關（下卷）	心靈雅集編譯組	150元
㊵業的思想	劉欣如編著	130元
㊶佛法難學嗎	劉欣如著	140元
㊷佛法實用嗎	劉欣如著	140元
㊸佛法殊勝嗎	劉欣如著	140元
㊹因果報應法則	李常傳編	140元
㊺佛教醫學的奧秘	劉欣如編著	150元
㊻紅塵絕唱	海　若著	130元
㊼佛教生活風情	洪丕謨、姜玉珍著	220元
㊽行住坐臥有佛法	劉欣如著	160元
㊾起心動念是佛法	劉欣如著	160元
㊿四字禪語	曹洞宗青年會	200元
(51)妙法蓮華經	劉欣如編著	160元

國家圖書館出版品預行編目資料

培養孩子獨立的藝術／多湖輝著；吳秋嬌譯
——初版——臺北市，大展，民85
面：　公分——（婦幼天地；32）
譯自：子どもの自立心を育てるハッパ作戰
ISBN 957-557-605-5（平裝）

1. 家庭教育　2. 父母與子女

528.21　　85004844

原書名：子どもの自立心を育てるハッパ作戰
原著作者：多湖輝 ©Akira Tago 1992
原出版者：株式會社ごま書房
版權仲介：宏儒企業有限公司

培養孩子獨立的藝術　　ISBN 957-557-605-5

原著者／多　湖　輝
編譯者／吳　秋　嬌
發行人／蔡　森　明
出版者／大展出版社有限公司
社　址／台北市北投區（石牌）致遠一路二段12巷1號
電　話／(02) 8236031・8236033
傳　眞／(02) 8272069
郵政劃撥／0166955－1
登記證／局版臺業字第2171號
承印者／高星企業有限公司
裝　訂／日新裝訂所
排版者／千賓電腦打字有限公司
電　話／（02）8836052
初　版／1996年（民85年）6月
定　價／170元

大展好書 好書大展